張甄薇與研究團隊——著

用「多空趨勢線」串聯股市金脈

活用本書獨創「多空趨勢線」與「主力脈動線」，
掌握股市谷底與波峰，翻轉財富，
成為股市超級贏家！

謹以此書獻給辛勤美麗的媽媽林淑靜，
和生命中最重要的人阿凰和謀謀。

推薦序 善用「多空趨勢線」，從股市快樂淘金

在證券期貨領域經營逾 36 載，深深領悟到，要在這一行獲得成功，需要投資績效、膽識和創新。在甄薇正要發行上市的新著作裡，我看到這三項要件已然成形。

證券投顧業一向頭角崢嶸，想要闖出一番天地，特別是帶領眾多會員的證券分析師，投資報酬是核心要素。從獨到的解盤分析，到個人品牌形象，擁有極高的投資獲利，就能吸引會員粉絲追隨。

膽識，也是成為業界名師極重要的元素，尤其當市場處在多空關鍵的轉折點，勇於判斷多空，告訴投資人明確的選股方向，究竟該加碼追進或斷然停損，只要結果符合預期，往往就能一戰成名。創新和膽識，憑藉的是個人特質與後天修煉與努力；然而，大好的機遇，則得看市場實際波動的行情。正逢四年一度的總統大選，又是一年之中最有資金行情的第四季，此時新書上市，洽逢時機。

第一次對甄薇印象深刻，是在電視節目裡。她邏輯清晰、台風穩健，勾勒人物故事栩栩如生，充滿個人風格與舞台魅力。進一步了解，才知道原來她不僅曾擔任電視台財經主播、訪談過數百家上市櫃公司負責人與企業名流，而且竟然還是擁有合格證照的證券分析師。從分析師跨界作財經評論者眾，但是從媒體人轉換跑道成為分析師，甄薇應該是業界第一人。光憑這一項，就知道她的確膽識過人。

跨出這一步已不簡單，更難得的是，她還結合自己的研究團隊，獨創全新技術指標——「多空趨勢線」與「主力脈動線」。透過這兩條線，幫助廣大投資人判別多空趨勢、掌握市場主流籌碼動向，藉此

進行選股和買賣決策，大幅提高勝率，清楚又簡易。

如同本書中所言，以這兩條線的交會，可做為投資人對個股，決定買進和賣出的時點與價位。亦即，當「多空趨勢線」在零軸之上，由下而上穿越「主力脈動線」，即為買點；當「多空趨勢線」由上而下摜破「主力脈動線」，即為賣點。

甄薇還以接近北極海域的「鯡魚與虎鯨」，形容股海裡廣大散戶與市場主流勢力的零和遊戲，頗為貼切傳神。這令我想起，早年本人曾和親如手足的合夥人高隆民董事長，引進《日本期貨交易理論》的經典巨著，將日文全數翻譯成中文，帶進台灣資本市場，這在當年亦屬空前創新之舉。如今，在集團內，看到甄薇勇於挑戰，提出另一種全新獨創的新指標，對廣大投資人來說，如同茫茫股海中找到判別方向定位的新羅盤。

創新指標加上這次 2024 年總統大選及 AI 元年的熱鬧行情，機遇不可多得。天道酬勤，市場永遠會留最好的機遇給準備好的人。祝福甄薇和研究團隊用心研發的新指標著作上市成功，更祝福所有運用「多空趨勢線」與「主力脈動線」的投資大眾，勝率倍增、財富倍增。

顧德集團總裁　顧奎民

推薦序 讓投資變成一個豐富自己的旅程

　　我和甄薇認識很多年了，當時我們都在新聞第一線，偶爾在立法院碰到跑財經新聞的甄薇，她不但認真，也經常有獨家新聞。優秀的表現，同業有目共睹。看她隨身帶著報章雜誌或資料，採訪空檔時常在閱讀，這份專業的拚勁，也讓我印象深刻。

　　多年後我從三立新聞部轉任三立媒體集團的「創意行銷部」副總經理，時常到處開會，再碰到甄薇時，她已經在友台擔任公共事務副總監。只見她會在活動現場忙進忙出，後來相約碰面才知道，甄薇這幾年不斷跳脫舒適圈，不僅工作上有新突破，也出了好多本財經相關書籍。

　　原來，從中文系畢業、又去 EMBA 學習精進的甄薇，在媒體採訪生涯中，陸續寫了好幾本著作，除了有關台灣企業人物精彩故事、教育公益，還有專業的投資理財著作。

　　更厲害的是，她還跑去考了證券分析師執照。甄薇可說是媒體人成功轉型、晉升超級斜槓的最佳例子。她有二十多年的媒體從業經驗，轉跑道去證券投顧業，也在三立財經台 iNews 為觀眾做專業的台股連線。平常總看到分析師們跨行上電視通告，最後成了媒體人；但甄薇應該是從媒體，跨行到證券投顧業，真正成為執業分析師的第一人吧。

　　今年甄薇再出版這本《用多空趨勢線串聯股市金脈》，是關於股

票投資新創的指標，她把大眾認為新手不易入手的投資操作難題，用一整套完整的「選股系統」解決。透過她和研究團隊新創的「多空趨勢線」和「主力脈動線」，讓所有投資人都輕鬆上手，知道在茫茫股海中「如何選股」；而選出的投資標的，也知道應該「何時買」、「何時賣」。是非常實用的一本書。

　　新聞從業人員出身的專業工作者，與其他的財經投資專家最不一樣的是，多年來的大眾媒體溝通經驗，讓他們能夠用最簡潔的方式，去釐清複雜的事，我相信甄薇真正做到了這點。這本書除了有豐富的實務含量，也有理論架構出來的規則可循，相信在甄薇的引領下，能讓投資變成一個豐富自己的旅程，落實每個小資族「財富自由，美好生活」的願景。

三立媒體集團總經理　高明慧

推薦序 | 在茫茫股海發現關鍵轉折訊號

「拚命三娘」就是我對甄薇的第一印象，十幾年前我還是初出茅廬的財經台小記者，甄薇已經是電視新聞台財經記者的第一把交椅，拿著 TVBS 的麥克風在採訪現場一站出來，那股所向披靡的氣勢，總讓其他同業、晚輩都不禁要後退半步，自動將第一題發問權交給這位大前輩。也是那時開始，我意識到身為一個記者，就該要有這種無所畏懼、勇往直前的精神。無論受訪者是富可敵國的商界鉅子，還是權勢滔天的政界聞人，甄薇總是用柔軟但堅定的語氣，拋出最犀利的關鍵問題，讓受訪者難以迴避。

多年之後，我已經從記者成為了股市財經節目主持人，而甄薇的職涯也進入了另一個全新的領域，搖身一變成為了證券分析師。老實說，在我剛知道的時候，實在是相當驚訝且佩服，畢竟這樣的跨領域轉職，在媒體業相當罕見。要說從分析師轉行當財經名嘴、財經節目主持人的多有所聞，畢竟經過投顧節目的訓練，許多證券分析及研究人員兼具專業知識加上口語表達，要上節目侃侃而談財經時事是小菜一碟；但財經記者要考上合格證券分析師執照，那可就是隔行如隔山、甚至是隔了好幾座山的等級了。

一般來說，財經記者並不需要深入研究特定行業或公司的財務狀況，但證券分析師則需要具有更高的財務分析技能，包括詳細解讀財報、公司估值、風險評估等能力，需要更深入了解相關行業的動態和市場趨勢，以便提供準確的投資建議。面對這樣的困難，甄薇憑藉著記者生涯時累積深厚的財經知識，加上夜以繼日下足苦功的「拚命三娘」精神，讓她成功找到人生的新斜槓，走上了職涯的新定位。

身為一名股市節目主持人，深知對股市投資人而言，最困難的絕對不是如何買股票，而是如何賣股票。台灣股市總流傳著這句俗諺：「會買股票的是徒弟，會賣股票的才是師父。」投資人往往看到一檔股票開始出量轉強、利多消息不斷，就會起心動念開始追進搶買。但哪有不散的宴席，何時出場、何時下車？這才是投資人最難以掌握的部分，茫茫股海十有八九心中沒個準，總是在曲終人散時，才懊悔自己沒有把握住多轉空前的關鍵訊號。

　　至於如何超前部署、抓住多空轉折點，每位證券分析師各有自己的一套獨門武功，甄薇在這部分也不遑多讓，提出了獨創的「多空趨勢線」與「主力脈動線」理論，在股海大數據中，找出了匠心獨具的解讀方式。但她並未藏私，而是透過撰寫本書，告訴讀者如何掌握法人與大戶籌碼的雙重變化，同時透過網路上的公開資訊找出股價歷史趨勢，將相關數據套用於她所提供的運算程式，快速輕鬆獲得更精確的關鍵訊號。

　　投資股票沒有捷徑，就是研究、研究、再研究，甄薇提供的投資分析理論，就是經過她多年來反覆驗證、一再修正，琢磨所得來的研究成果。在翻閱本書之際，無論是第 1 章的基本功，還是接下來的實戰演練與停損策略，乃至於最後一章的風險評估，每個部分都讓我感受到甄薇在研究方面所下的苦心，以及她對股民的用心與提點。

　　身為一名股市投資節目主持人、同時也是甄薇的好友，我真心希望各位讀者能藉由閱讀甄薇這部優秀的研究巨作，讓自己少走一些冤枉路，避開更多風險，找到提高投資勝率的最佳方式，最後踏上屬於自己的股海大道。

陳明樂

東森財經新聞台股動錢潮製作人暨主持人　陳明樂

序 一套操作系統，解決「選股」與 「何時買、何時賣」難題

　　每年秋冬，在北極附近的挪威峽灣都會上演一場壯觀的世界奇景。

　　上百隻的超大虎鯨，以自體聲納追趕成千上萬的鯡魚群，同時以狼群般急速驅趕，將快速逃竄的鯡魚群，包圍至海面下狹窄地形的區域後，如同甕中捉鱉，下潛又竄升海面，急速集體包抄、用大長尾擊暈。一大群昏頭昏腦浮在海面的鯡魚群，就這麼成了虎鯨口中肥美的海中盛宴。

　　虎鯨又稱殺人鯨，牠不是鯨魚，而是全世界最大的海豚。鯡魚向來在歐洲漁業扮演重要角色，其中大西洋鯡不僅是北歐國民美食，更富有高度商業價值，因此挪威峽灣常看到人類捕魚船與虎鯨群共同追捕上億隻鯡魚群，各取利益。

　　深不可測的股海中，年年也都上演虎鯨獵殺鯡魚的大戲，只是主角換成了市場主力和龐大無辜的散戶群。每年股市成千上萬的散戶群，都希望能在股海存活並勝出，但永遠不知道為何被突如其來的霹靂攻擊震暈。有人可以逃過一劫，但運氣不好的，就成為主力口中最肥美的晚餐。

為避免成為「鯡魚散戶」，人人都需要擁有一套適合自己的個股操作系統，幫助自己在茫茫股海中，解決如何「選股」，以及「何時買」、「何時賣」的難題。筆者秉持進入股市的初衷，以一介散戶的實戰經驗，歷經十多年，與研究團隊共同合作研發，獨創「多空趨勢線」與「主力脈動線」，建構完整投資系統。準確掌握股市上千檔個股波段的谷底與波峰，幫助散戶避開大跌風險、翻轉財富，成為股市超級贏家。

全書的理論基礎架構，是從經濟學中的「適應性預期理論」發展而來。

以經濟學理論為基礎，判斷產業與個股多空

適應性預期理論的核心思想是，經濟參與者（如消費者、生產者和投資者）在預測未來經濟事件時，主要依賴過去的觀察和經驗。人們認為未來的經濟情況將繼續沿著過去的趨勢發展，而不會基於全新的訊息來調整他們的預期。這種預期形成方式是「適應性」的，因為它們隨著時間推移而適應現實經濟的變化。

筆者與研究團隊發現，這套理論基礎，可以進一步發展並運用在股票價位的預期上。觀察過去 6 個月、3 個月及 1 個月的股票變動幅度（相當於適應性預期理論中的「適應性預期指數」），可以最準確發現股票價位（包含大盤、產業類股及個股）的多空轉折點，因而做到低進高出。

在本書的第 1 章，將詳述如何建立屬於投資者自己的選股系統。首先，除了從產業面切入，掌握產業主流趨勢，經過財報基本面篩選，利用 RSI、MACD 及籌碼分析，嚴選最強勢的主流股，同時點出這類傳統選股法面臨鈍化失真的窘境。

第 2 章進一步透過適應性預期指數的概念，將台股各上市類股指數與加權指數之間的變動幅度相較，並以綠黃紅等不同層次的顏色，呈現相較大盤的「多空趨勢指標圖」（圖 1）。其中，深紅色代表極強勢，深綠色代表極弱勢，黃色及其他色澤漸層，則彰顯各產業強弱變化的動向。一張圖一目瞭然，可精確掌握每日股市交易中，最強勢主流類股的分布及各產業間強弱的即時變化。

當選出強勢且風險相對最低的個股後，投資者最需要知道的，就是如何決定買點及賣點？

圖 1：上市類股指數多空趨勢指標圖

股票代號	股票名稱	2023 0317	2023 0324	2023 0331	2023 0407	2023 0414	2023 0421	2023 0428	2023 0505	2023 0512	2023 0519	2023 0526	2023 0602	2023 0609	2023 0616	2023 0621	2023 0630	2023 0707	2023 0714	2023 0721	2023 0728	2023 0804	2023 0811	2023 0818	2023 0825	2023 0901	2023 0908	2023 0915	2023 0922	2023 0928
TWA34	電腦及週邊報酬指數	6	5	5	3	4	3	4	5	3	3	1	2	1	1	1	1	1	1	1	1	1	1	1	1	1	1	1	1	1
TWA38	電子通路報酬指數	13	13	12	15	14	21	16	16	12	14	14	14	14	18	18	19	16	13	12	15	20	12	10	6	5	4	4	2	2
TWA77	化學類報酬指數	21	22	17	18	11	10	7	8	8	8	13	13	9	11	12	11	13	11	5	6	6	8	11	8	3	3	2	3	3
TWA37	電子零組件報酬指數	16	8	6	8	6	11	12	13	14	11	7	8	10	8	7	7	6	5	4	4	4	3	2	2	2	2	3	4	4
TWA39	資訊服務報酬指數	3	2	2	2	3	4	2	2	2	1	2	1	4	2	2	2	2	2	2	2	2	2	3	3	4	5	6	9	5
TWA36	通信網路業報酬指數	15	14	13	12	10	9	11	10	9	9	11	10	13	16	17	22	20	16	16	16	17	15	5	4	7	6	5	6	6
TWA82	橡膠類報酬指數	27	18	21	20	18	19	17	15	12	13	15	17	21	13	13	15	18	19	21	20	23	20	18	17	8	7	7	5	7
TWA83	汽車類報酬指數	17	11	10	14	7	8	8	9	4	2	5	3	2	3	6	5	5	6	8	10	10	5	15	14	9	12	10	8	8
TWA28	金融保險類報酬指數	28	28	25	26	25	23	24	20	17	15	16	20	20	20	23	20	21	17	13	11	8	7	12	11	14	13	8	7	9
TWA80	造紙類報酬指數	23	26	26	25	24	5	6	3	6	6	12	6	5	6	5	3	3	4	6	3	3	11	16	23	23	20	18	16	10
TWA74	電機機械類報酬指數	2	1	1	1	1	2	3	4	5	4	3	4	6	5	3	4	4	3	3	5	5	4	4	7	6	8	14	14	11
TWA40	其他電子報酬指數	19	17	19	23	26	25	21	21	18	22	21	15	15	12	10	10	9	7	7	7	7	6	7	5	11	10	12	10	12
TWA02	加權報酬指數	10	10	9	7	13	15	14	14	15	12	8	9	8	9	9	9	11	9	9	8	9	9	9	9	12	9	9	11	[illegible]
TWA71	食品類報酬指數	12	16	16	11	17	13	13	11	7	7	10	11	12	15	15	12	15	12	10	12	15	13	8	10	15	14	15	13	[illegible]
TWA73	紡織纖維類報酬指數	26	25	24	24	28	27	28	24	23	23	27	26	26	22	21	16	14	18	17	19	16	16	14	12	13	11	13	12	15
TWA26	航運類報酬指數	24	27	28	27	19	16	18	27	26	25	25	22	22	14	22	17	7	20	15	14	12	10	6	15	19	18	16	15	16
TWA33	半導體報酬指數	4	4	3	5	9	14	15	17	22	16	6	7	7	7	8	8	10	8	14	13	13	17	13	13	16	15	11	19	17
TWA32	油電燃氣類報酬指數	20	23	22	16	16	22	22	23	19	10	20	18	16	23	19	23	26	26	26	26	25	24	24	19	22	19	21	20	18
TWA75	電器電纜類報酬指數	5	6	11	6	5	7	9	12	24	27	22	24	17	17	16	26	22	25	25	25	28	27	28	27	25	27	27	27	19
TWA50	台灣 50 指數	9	9	8	9	15	18	19	18	20	18	9	12	11	10	11	13	17	14	19	17	18	19	17	16	17	16	17	21	20
TWA79	玻璃陶瓷類報酬指數	18	21	27	28	27	24	27	28	28	28	28	28	28	28	26	27	27	28	28	27	14	14	22	24	10	22	24	18	21
TWA35	光電報酬指數	7	7	7	13	12	17	23	26	25	24	19	16	18	19	14	14	12	10	11	9	11	18	21	20	21	25	22	24	22
TWA81	鋼鐵類報酬指數	8	15	15	19	22	28	28	25	27	26	23	23	24	26	28	24	25	24	22	21	19	23	20	21	20	21	19	17	23
TWA78	生技醫療類報酬指數	25	24	18	10	8	6	5	6	10	19	18	21	25	24	25	21	23	23	20	23	27	28	27	28	27	26	26	25	24
TWA29	貿易百貨類報酬指數	11	12	14	17	23	20	20	19	16	21	26	27	27	27	27	25	24	22	23	24	24	25	19	18	18	17	20	22	25
TWA72	塑膠類報酬指數	14	19	23	21	20	26	25	22	21	20	24	25	23	25	24	28	28	27	27	28	26	26	26	26	26	23	23	23	26
TWA70	水泥類報酬指數	22	20	20	22	21	12	10	7	11	17	17	19	19	21	20	18	19	21	24	22	22	22	23	22	24	24	25	26	27
TWA27	觀光類報酬指數	1	3	4	4	2	1	1	1	1	5	4	5	3	4	4	6	8	15	18	18	21	21	25	25	28	28	28	28	28

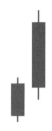

第 2 章的核心任務，就在於闡釋如何透過多空趨勢指標，進一步建構本書獨創的「多空趨勢線」與「主力脈動線」。

兩條線，選到強勢股與決定買賣點

依照本書理論，每一檔個股，都可以透過該股與大盤適應性預期指數（漲跌幅度加權平均）相減，獲得「多空趨勢指標差值」，由所有差值串聯而成的線型，即是屬於該股的多空趨勢線，可精準識別個股相對於大盤的強弱趨勢，做為判斷多空的基礎（如圖 2，以台積電為例）。

圖 2：台積電（2330）的多空趨勢線與主力脈動線

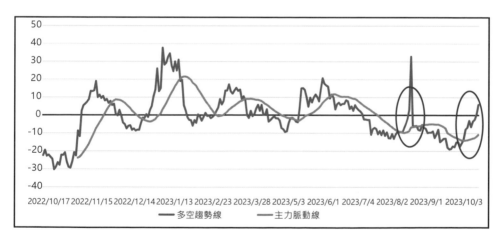

當多空趨勢指標差值大於零，顯示該股票近半年來表現強勢，將受到市場主流力量（如三大法人及千張以上大戶）的注意與資金追捧，股價回檔都是介入的好時機。反之，若這個值小於零，就暫時不要投資，就算股價短線上漲，也可能是空頭走勢下的反彈而已（如圖2 紅圈處）。

換句話說，**當多空趨勢線在零軸之上，就代表進入多方市場，可考慮分批布局；當多空趨勢線落在零軸之下，就等於宣告進入空方結構，應摒除在選股名單之外。**

另一條獨創的「主力脈動線」，反映三大法人及千張大戶等市場主流力量集結而成，可呈現在該檔個股之中，源自法人大戶等主力籌碼最新即時動向。本書以這兩條線的交會，做為決定買進和賣出的時點與價位。

當多空趨勢線在零軸之上，由下而上穿越主力脈動線，即為買點；當多空趨勢線由上而下擊破主力脈動線，即為賣點。

透過兩條線的交會，能讓投資者在波段谷底時買進，在波峰時賣出。除了精確掌握強勢股，更能以最簡單易懂的運算程式，協助投資人大幅提升投資績效 60% 以上。

讀者可利用台灣證券交易所盤後資料或「台灣股市資訊網」等股票資訊網站，查詢某檔股票的近 1 個月、3 個月（季）、6 個月（半年）的漲跌幅數據，並將此數據輸入至本書預先設定的運算程式中。將這 3 個值相加，可得到該股的適應性預期指數，再將得出的數值與加權指數的適應性預期指數值相減，即得出多空趨勢指標差。

第 3 章將深入說明如何識別及剔除妖股、地雷股、盤跌股 3 種投資陷阱，以及如何掌握主流產業題材、低估值、高成長及財務健全股

4 類好股。同時進一步解析傳統籌碼分析在指標上的盲點，以及當前股市僅著重基本面或技術面的分析，卻忽略心理面實質影響了人們的投資行為決策。事實上，股市中「不理性」、一時的市場恐慌情緒，往往帶來股市劇烈震盪，反而成了主力大戶套利的大好時機。

有別於坊間估算主力籌碼或主力分點，本書獨創的主力脈動線更能透過線型走勢，凸顯不論是外資、投信或自營商三大法人，或擁有千張以上的大戶，他們實際買進賣出，著墨在某些個股的真正動向。

兩道防線，躲過不可測的風險

不論任何一方的主力，即使控有的籌碼再具優勢，一定也有其操作成本，不可能是永無上限的。當他們在選定想要操控的股票時，思維一定是站在散戶的對立面；亦即，他們買在市場都想賣股時，賣在市場都想買股時。

零軸，正是主力著墨的分水嶺。若沒有維持在零軸之上，顯示主力想鎖定的股票相較大盤表現弱勢，就不易吸引散戶和市場上其他各路人馬追捧。然而，若越過零軸一路拉抬，各方勢力便集結下注，散戶一湧而上，籌碼大亂，主力成本大幅拉升。這也是為何某些主力鎖定的個股，有時會無來由大跌甚至跌停的主因，因為主力要藉此「甩轎」，以免散戶或其他勢力太早集結，亂了主力原先控盤的計畫。

同理，當主力們想倒出股票時，既有的技術線型有時會變成「出

貨」工具。市場上不論是主力或散戶，看的都是同一種技術分析指標：如 KD、MACD、RSI 等，當主力控盤者想倒出手中持股時，只需要以優勢籌碼，設法把 KD 指標或 MACD 指標操作到「飆股」水準，讓散戶都看到並進場追買，那麼主力就可以引誘散戶上車。如同虎鯨用大尾巴拍暈鯡魚，把手中股票全都倒給散戶。這部分將在第 4 章以台股「航海王」掀起的全民運動為例，做為實戰教學。

第 5 章旨在闡述為何以策略及停損這兩道防線，做為進場投資時必須嚴守的紀律。並在第 6 章說明，當市場中發生不可控的風險時，包括多空趨勢線及主力脈動線都將暫時失效。然而，任何災難或戰爭等系統性風險，終究會在一段時日後告一段落，股市回歸日常，多空趨勢線與主力脈動線，依舊是投資人在股市最佳的選股和操作利器。

股票市場裡，沒有人是永遠的贏家或輸家，但只要投資者掌握多空趨勢線與主力脈動線，便能大幅提升投資勝率，避免進入投資誤區，成為「虎鯨」豐盛的晚餐。

張甄薇與研究團隊

CONTENTS

目錄

01

散戶也學得會的高勝率選股系統

02

成功選股的關鍵：判斷強弱、建立多空趨勢線與主力脈動線

03

實戰篇 1：選好股的 4 大基本功

04

實戰篇 2：「多空趨勢線」vs.「主力脈動線」應用全解析

05

投資最重要的兩道防線：策略與停損

06

市場中不可控的風險

PART
01
散戶也學得會的
高勝率選股系統

1-1 基本面分析 vs. 技術面分析選股
1-2 基本面與技術面分析常見指標
1-3 打造你的選股勝利方程式

若要在股市中長長久久,最好的方法是先以系統化選股,建立持續關注的「股票池」,再用技術面的價量關係系統化決定是否持有,最後再以本書獨創的「多空趨勢指標」判斷是要進場布局,還是調節出場。如此才能大賺小賠,保有長期資產增值的趨勢。

1-1 基本面分析vs.技術面分析選股

「但凡憑運氣賺到股票第一桶金,也會憑自己實力將這一桶金賠回去。」這段流傳在投資界已久、看似反諷的金句,放眼股市日常的實戰操作,可謂是至理名言。怎麼說呢?因為許多投資人可能根本不知道他的獲利其實是靠運氣,而不是利用紮實的投資專業與紀律賺來的,所以永遠只能如法炮製過去的經驗,希望可以賺完一筆再一筆。可惜的是,不可能每次都運氣這麼好,把賺來的錢賠回去也只是剛好而已。尤其常有投資人明明最初是賺錢,卻一路抱股票抱到賠錢。這是股票市場的日常。

每隔一段時間,當股市正在走一波大多頭時,就會出現許多「股神」,有的是剛從學校畢業的社會新鮮人,有的是退休的公務人員或軍人,有的是想要增加薪水的小資女……但無論是哪種型態的幸運

兒，過一陣子之後，就全都消失了。甚至還有不少人因為一個波段的股市行情操作失利而違約交割，賠上一輩子的金融信譽，得不償失。為何如此？因為初學者的幸運與「倖存者偏差」[1]，往往讓人們前仆後繼投入誘人的股票市場，想像著創造第一桶金，完成財富自由的夢想；但現實是殘酷的，長期獲利的永遠只有那 10% 的人，大多數的人可能一直到最後仍不知道當初為何賺錢，以及後來為何賠錢，最後留下一句「我沒那個命」，黯然離開市場。

不過初學者的幸運的確是存在的，因為股價短期走勢其實是隨機的，有 50% 機率上漲，下跌機率也是 50%。初期介入市場的投資人，投入的金額往往不大，就算賠錢，損失也不多，當然不會太在意。一旦獲利，心態上總會覺得，賺錢真容易，於是很容易幻想繼續獲利。另一方面倖存者偏差的心理因素，也會讓人們覺得這是一個賺錢模式，所謂「寒門出貴子」，不是貴子會出現在寒門，而是當極少數的貴子出現在寒門時，大家會不斷渲染。投資也一樣，賺了錢會分享給好友，媒體會來採訪賺錢的方法，然而賠錢只會自己摸摸鼻子，無聲無息，無形中大環境只剩下投資獲利的訊息。

《孫子兵法》始計篇說：「夫未戰而廟算勝者，得算多也；未戰而廟算不勝者，得算少也。吾以此觀之，勝負見矣。」投資人在股市投資就如同作戰，一定要在投資前即客觀估計自己投資方法的勝率。

1　倖存者偏差（Survivorship Bias），一種常見的邏輯謬誤，指的是由於日常生活中更容易看到成功、看不到失敗，會讓人大大高估了成功的機率，但我們所看到的都是被過濾後的案例，它反映的並不是真實世界。

估計的勝率高，未來實際投資時報酬率才可能高；估計的勝率低，未來的報酬率很可能低。

擇時 vs. 選股

因此，若想要在股市中提高勝率與報酬率，只靠運氣是絕對不可能的，必然要建立自己系統化的操作方式，才能有紀律地在系統規則下選擇股票，並適時地執行買進與賣出時點，才能成功將利潤落袋或及時停損，嚴格管控風險。

由以上敘述可知，要提升股票投資績效的關鍵方法是「擇時」（選擇買賣時機）以及「選股」（選擇投資標的），但兩者在本質上仍有明顯差異。

擇時（market timing）

指股票買賣時間點的抉擇。例如使用技術分析者，選擇在股價由下向上突破季線時，買進股票；由上向下跌破季線時，賣出股票。做多的投資者，透過擇時使投資組合能盡量避過空頭時期，參與多頭時期。擇時的優點是經常可以避過下跌期，但缺點是，技術分析多屬落後指標，「鈍化」[2]的狀況頗常見，持有期的績效難料，無法超越大

2　鈍化是指當「技術指標」發生型態糾結，導致該檔股票無法用技術線推測走勢。簡單來說，鈍化是一種「強者恆強，弱者恆弱」的概念。以 KD 指標來看，當一檔股票看不出是明顯的「死亡交叉」還是「黃金交叉」時，就是出現鈍化的趨勢。如果是在高檔（K > 80）時出現鈍化，稱作「高檔鈍化」，此時個股位在「強勢」趨勢。

盤的機會不低。

選股（stock picking）

　　指選擇買賣的股票。透過選股使投資組合無論在多頭或空頭，其績效都比大盤績效高，缺點是會隨大盤劇烈波動，因此在空頭時期即使績效高於大盤，但績效仍可能處於虧損的狀態。

　　「擇時」與「選股」相較，筆者認為選股比較容易做到。首先，擇時需要至少以日為單位做出買賣決策，非常耗費心力，影響投資人的本業，因此無法花費太多心力的投資人並不適合擇時操作。更重要的是，擇時會要求投資人要下定投入股市或離開股市的決心，因為是持股或空手二擇一，投資人難免會有患得患失的心理障礙，擔心買在高點或賣在低點，這種決心實非「正常人」所能下的。

　　另一個讓擇時極難實現的原因是人性。當股市一片榮景時，即使許多技術指標轉弱，例如股價由上而下摜破季線時，也很少有人能斷然全部出清所有持股。相反的，像 2008 年金融海嘯之後，所有類股股價幾乎都腰斬的情況下，投資人普遍喪失信心，即使在 2009 年初，出現股價由下而上穿越季線的多頭契機，也很少有人敢斷然將資金全部進場買股；甚至一些套牢者，反而在初期的反彈中以少賠為賺的理由認賠出場，喪失大好獲利機會。

　　而選股則不同，選股只要每周、每月，甚至每季操作一次就夠

了，非常省時省力，不會影響投資人的本業。更重要的是，投資人只需透過周期性地擇優汰劣，換股操作，買賣股票。因為在多頭時期，買股股價雖高，但賣股股價亦高；反之，在空頭時期，賣股股價雖低，但買股股價亦低，投資人不會有買在高點，或賣在低點患得患失的心理障礙。

此外，雖然選出來的股票不能全都擊敗大盤，但只要選股「平均而言」是有效的，一個持股周期下來，自然會有部分股票優於大盤，部分不如大盤，但前者可能經常略多於後者，使投資人對這種操作方式產生信心，易於長期執行。

依據國外的經驗，投資人如果採用單純的選股模型（只選股而不擇時），即永遠做多，定期（每季或每月）選股並交易，組成新投資組合，可以提升 5％～10％的年報酬率。如果採用單純的擇時模型（只擇時而不選股），即永遠只買賣像 ETF 之類的一籃子股票，但會根據技術指標做多或退場，只能提升 3％～5％的年報酬率。選股的報酬率顯然優於擇時。

不過選股是一個充滿挑戰和風險的過程，需要投資者具有良好的研究能力、風險管理技巧和耐心，再輔以一些分析公司的技巧，可以幫助投資者降低風險並增加成功的機會。「基本面分析」（Fundamental Analysis）和「技術面分析」（Technical Analysis）是兩種常用的選股方法，它們之間存在著明顯的差異。

技術面分析的優劣勢

在談基本面分析前，先談談每個股市投資人都耳熟能詳的、常與基本面分析相提並論的股價評估方式——技術面分析，這也是許多股市達人津津樂道的賺錢工具。

技術面分析是源自於由查爾斯・道（Charles Dow）在 19 世紀初發明的道氏理論，利用價格圖表或走勢圖，透過歷史價格預測未來價格的走勢。技術分析適用於所有受到供求關係影響的金融產品，如股票、期貨、商品、指數及外匯交易市場。

技術面分析的基礎是「成交量」和「股價」，很多技術分析指標都是以這兩個為基礎發展而來的，例如市場上最常使用的技術分析像是移動平均線、K 線、KD 指標、RSI 指標、MACD 等。常聽說坊間許多投資高手用了技術分析，就能預測股價走勢、精準找到買點與賣點、短短時間就能獲利翻倍等「神蹟」。但技術分析是否真的這麼神奇呢？

為了找到這個問題的答案，我們要一步一步拆解技術面分析的方法，首先要知道技術分析方法大致分為以下 2 大類：

順勢系統

其理論基礎是「漲者恆漲、跌者恆跌」，即當漲或跌形成某一趨勢時，會持續一個波段。此類技術分析專注於擷取長期的波段行情，

因此在波段趨勢明顯時表現往往較佳。雖然這類系統勝率雖不高，但終能夠大賺小賠，交易頻率通常不會太高，交易成本較低，所以報酬率較佳。

這類系統以移動平均線為代表，例如當股價指數由下向上突破指數季移動平均線（季線）時，代表市場已形成明顯的上漲趨勢，投資者應考慮買入股票；反之，當股價指數由上向下跌破季線時，代表市場已形成明顯的下跌趨勢，投資者應考慮賣出股票。

逆勢系統

又可稱為「擺盪系統」，其理論基礎是「漲多必跌、跌多必漲」，所謂「漲多就是最大利空」、「跌深就是最大利多」，是指當股價短期漲或跌超過一個合理股價範圍時，終會回到合理範圍。此類技術分析專注於擷取短期的振盪高低點價差，因此在震盪盤整時期的表現往往較佳。雖然這類系統勝率較高，但經常小賺大賠，且交易頻率過高，導致交易成本大增，侵蝕報酬率。有時交易成本的增加甚至可能大於獲利，反而得不償失。

這類系統以 KD 指標、RSI 指標、MACD 指標等為代表（1-2 有詳細解說），當某股票的價格上升（或下跌）傾向越趨極端，價格變動逆轉的可能性將越大。當以上指標達 80（或 20）時，股票已被嚴重超買（或超賣），投資者應考慮賣出（或買入）此類股票。

　　雖然技術分析非常單純，只要看指標、均線，即可判斷買賣點，但一般投資人、尤其是新手，最好不要從這裡下手，應該下苦功好好去研究公司基本面。因為技術分析就是一種「統計學」，跟星座分析差不多，雖有一定的參考價值，但不是百分之百準確。也就是說，技術分析獲勝的穩定性不夠、勝率不高。

　　怎麼說呢？因為技術分析認為：股價已經反映了一切資訊，但實際上並非如此。例如：有家公司董事提前得知公司的業績會大爆發，他便大量買進公司股票，造成股價上漲；而看技術分析的人，看到股價上漲，就開始猜測背後的原因，例如：均線黃金交叉、技術指標翻揚等。又或者有位大戶最近手頭緊，所以大量把股票賣出變現，造成股價下跌；技術分析者卻解讀成股價是跌破均線、指標死亡交叉所致。但這些這都不是真的原因，所以用技術分析做出來的股價預測，或許會命中幾次，但總有猜錯的時候，如果運氣不好，某一次猜錯的損失就會特別慘重。靠技術分析雖然會賺錢，穩定性還是不夠高。

　　股票價格基本上反映公司的獲利能力，若要在對公司一無所知的情況下，僅透過技術線圖判斷進出時機，要持續獲利是很困難的，所以新手學投資，不適合用技術分析這種穩定性不夠高的投資方法。並不是技術分析不好，而是有時它被市場特定力量操控的機率不小。若用技術分析的方法操作股票，要學會接受常常失敗、及時停損認賠，有獲利時要能抱得住，心理素質要夠強，也需要大量經驗輔助，來提高整體獲利。

基本面分析的優劣勢

股神巴菲特（Warren Buffett）曾說：「短期股市的預測是毒藥。」甚至還有點誇張地說：「人們習慣把每天短線進出股市的投機客稱之為投資人，就好像大家把不斷發生一夜情的愛情騙子，當成浪漫情人一樣。」英國著名股票投資者約翰‧鄧普頓（John Templeton）也說過：「你必須拒絕將技術分析做為一種投資方法，你必須是一位基本面投資者，才能在這個市場上獲得真正成功。」

似乎所有的投資大師，都奉基本面分析為選股的圭臬，並對號稱能預測股價的技術分析嗤之以鼻。因為與技術分析相較，基本面分析較有邏輯，從研究總體經濟、產業環境到公司財務與獲利之所有因素，根據這些數據來研判這檔股票是否有潛力，找出價值被低估的好股，而不是只靠已經發生的量價關係，來預測未來股價走勢。

讓我們繼續深入了解基本面分析，它大致可從三個面向分析：

總體經濟分析

研究總體經濟狀況對企業及產業的影響，掌握未來經濟走向及產業趨勢後，找出將在未來經濟環境中表現最佳的產業及個股。參考的指標包括國際和國內各項經濟數據如：國內生產毛額（GDP）成長率、通貨膨脹、利率、匯率、生產力、失業率等。

產業分析

包括整體產業的市場狀況、產品價格變動、產品效能的進步、進入產業的公司數等，最終目的是分析出產業的供需狀況，從而可以提前應對。因為公司的獲利會隨著產業景氣的循環起伏，股價通常也隨著獲利變化而漲跌。當景氣繁榮時，獲利增加，股價上漲；景氣衰退時，獲利減少，股價下跌。

個別公司分析

分析個別公司基本面的核心是評估一家公司的財務健康狀況，包括收入、獲利、負債、現金流等。投資者使用財務比率如本益比（P/E）、股價淨值比（P/B）等來評估股票的價值。另外包含公司內部財務運作數據分析，包括銷售量、價格、新產品、獲利等，目的在找出公司的真實價值。公司營運狀況是基本面分析最基本的因素，通常營運狀況和股價的漲跌成正比，所以每月 10 日前必須公告的營收，就成為檢視公司營運狀況最快的途徑，每季公告的財報，更是每個從事基本分析投資人必讀的資料。

除了分析數據，該公司的業務模型、競爭優勢、市場地位和成長前景，也不可忽視，了解公司的營運情況有助於判斷長期投資價值。而公司的運作靠人，所以也必須了解公司的管理團隊、其決策過程和公司治理結構，以確保公司有一個健全的管理團隊。

由下而上 vs. 由上而下

基本面分析主要分為兩種流派：由下而上分析、由上而下分析。
由下而上（Bottom-Up Approach）的策略目標是找到投資報酬率最高
的股票，特別注重個別公司的管理與表現，所以會先看一間公司的長
期基本面來分析市場走勢，衡量產業中的競爭優勢，判別該公司是否
具有成長潛力，再來決定是否要投資這間公司的股票。

最經典的案例就是巴菲特收購《華盛頓郵報》的故事。1972
年，《華郵》的股價暴跌 50％以上，巴菲特認為投資價值已經浮
現，當年 2 月，他在 27 美元的價位買入 18.6 萬股，但股價仍繼續下
跌，從 1972 年到 1976 年的 4 年多時間，巴菲特一直處於套牢狀態，
一直到 1977 年才回本。不過 1977 年開始，股價開始急速反彈，到了

小辭典

本益比（P/E）

　　本益比（Price to Earning Ratio）在價值投資中常用來評估一家公司的
股票是便宜或是昂貴，也用來預測買進該公司股票後的回本時間，同時也
是判斷企業股價估值高低與獲利能力的依據。本益比＝股價÷每股盈餘
（Earnings per Share，簡稱 EPS）

股價淨值比（P/B）

　　股價淨值比（Price-Book Ratio，簡稱 PB、P/B，PBR、 PB ratio）是指
公司股票價格是帳面價格的幾倍，可用來判斷一間公司的帳面價值相對其
股價的合理性，並做為買賣點的指標。股價淨值比＝每股股價÷每股淨值

1982 年，巴菲特已獲利 4 倍，而且之後的 40 多年，《華郵》的漲幅大約是 200 倍。

巴菲特事後回憶，他當時買進的《華郵》，只有他判斷價值的 1/4，他經過精算後認為，這個企業至少會有 4 倍的上漲空間，事後證明，這筆投資遠遠超過 4 倍的漲幅。當時人人都看衰《華郵》，但巴菲特不這麼想，他認為利空事件過去後，《華郵》仍然有很強大的用戶基礎，只要恢復到正常狀態，企業必然會走出困境，基於以上的深入思考，巴菲特越跌越買。而且，他也不在乎套牢，他認為賺錢不是一朝一夕的事情，只要一個公司價值能不斷成長，那麼股價上漲就是早晚的事。

另一種分析則是由上而下（Top-Down Approach），該策略的目標是找到市場趨勢，因為市場趨勢是使股價向上的關鍵。投資人會針對全球的總體經濟，包括國內生產毛額、降息或升息、通貨膨脹率等因素，再開始縮小範圍來判斷適合投資的產業，挑選該產業的潛力個股。

這種決策方式，適合短期投資的投資者，著眼於目前整體經濟較好的國家與市場，再從裡面挑選適合的產業、潛力個股來投資，透過這樣的方式來找到優質的公司，在牛市中就能獲利，即使處於熊市中也能夠減少損失。

對於初入投資市場的新鮮人，由下而上分析在學習上相對容易，

可以優先學習。原因是參考資料較多，邏輯概念也較完整，即使無法找到很強的企業，但至少可以排除有問題的企業，能做到這點，就能避免大部分的風險。而由上而下分析在學習上相對困難，需要關注的資訊也多，對新手並非絕對必要，因為它比較複雜，也比較容易判斷錯誤。

價值股投資 vs. 成長股投資

基本面分析也因為傾向不同，可分為價值股投資和成長股投資 2 種：

價值股投資更傾向於注重投資的安全邊際，主張便宜股票的報酬率常高於昂貴股票。因此往往投資於低本益比、低股價淨值比的股票，因為這些比值越小，代表股票越便宜。

成長股投資更傾向於注重企業的利潤成長性和可持續性，主張賺錢能力強公司的股票報酬率常高於賺錢能力弱的公司。因此往往投資於高股東權益報酬率（ROE）的股票，因為這個財務比率常被用來衡量公司的賺錢能力，其值越大，代表公司賺錢能力越強。

上述兩類基本分析方法的邏輯雖不一樣，但並不衝突，甚至可以相輔相成。價值股投資者也必須兼顧企業未來的成長性，否則企業價值有可能隨著時間的推移逐步縮小，使投資虧損，所以價值股與成長股兩者並不矛盾。

　　無論何種分析方式，基本面分析就是要找到股票未來的真實價值，找出公司的真實價值後，只要股價低於真實價值，就可以買進；股價高於真實價值，就可以賣出。若能選到前景良好、盈餘成長快速，仍未被投資大眾所認知的公司，買入並長期持有，一旦其他投資人發現它被低估時，就會紛紛搶進，股價便會急遽上升，這就是基本分析者所要賺的利潤。

　　不過基本面分析需要花費投資者大量的時間和精力，因為它涉及研究和分析公司的財務報告、行業趨勢和宏觀經濟環境。這對於個人投資者來說可能會很繁瑣。公司也可能不會披露所有訊息，這可能導致訊息不對稱，投資者無法獲得全面的數據。甚至有些公司，尤其是新創企業，可能缺乏歷史財務數據，使基本面分析難以實施。而且基本面分析主要關注數據和財務，但它無法考慮市場情緒和投資者情緒，這些情緒可能在短期內影響股價波動，即使一家基本面很好的公司，也可能因為短期利空因素而遭到市場拋售，股價暴跌。

小辭典

股東權益報酬率（ROE）

股東權益報酬率＝稅後淨利÷股東權益

　　稅後淨利：稅後淨利的高低，會與公司營運基本面息息相關。股東權益：當把公司所有的債務還清，剩下的資產就是股東權益。因為 ROE 指的是公司運用自有資本的賺錢效率，故 ROE 越高代表公司為股東賺回的獲利效率越佳，ROE 越低，則代表公司為股東賺回的獲利越少。

結合兩者優勢的選股法

技術面分析選股較為簡單但勝率不高，基本面分析較為嚴謹可靠，但費時費力，是否有結合兩者優點的方法，幫助我們更明智地做出投資決策呢？答案是肯定的，以下是結合這兩種分析以獲得更全面訊息的步驟。

1. 以基本面分析為基底：

基本面分析可以幫助你篩選出潛在的投資標的，因為它評估了公司的基本情況，包括財務健康、競爭優勢和業績。

2. 使用技術面分析進一步篩選：

一旦篩出潛在的投資標的後，你可以使用技術面分析來進一步篩選。觀察股票的 K 線圖與技術指標如移動平均線、KD、RSI 等，查看趨勢是往上或往下。

3. 確認進出點：

技術面分析可以幫助你決定進出場的時機。當基本面分析顯示一家公司具有潛在價值時，技術面分析可以幫助你選擇好的進場時機。例如，你可以等待股價走勢開始明顯向上，或者等待技術指標發出買入訊號。

4. 決定長期投資和短期交易：

結合這兩種分析可以適應不同的投資風格。如果你是長期投資者，基本面分析將是主要關注點，而技術面分析可以幫助你選擇適當的進出點。如果你是短期交易者，技術面分析可能會更具優勢，但仍應考慮基本面以確保你的交易與整體趨勢一致。

總之，結合基本面分析和技術面分析可以幫你做出更嚴謹的投資決策，這兩種方法互補，幫助你更理解股票市場，找到優質的投資標的，並選擇適當的進出時機。但讀者必須記住，沒有一種選股方法的勝率是百分之百，時刻做好風險管理，適時停損停利，才是成功投資的關鍵。

根據筆者與團隊在股市多年的實際經驗，由於基本面分析與技術面分析皆屬落後指標，且經常發生鈍化，若完全依賴基本面的數據或技術指標，一定會常常賠錢。

1-2 基本面與技術面分析常見指標

前面提到，主流的選股方法有基本面、技術面分析兩種。簡單說，基本面分析主要是選擇價值被低估的股票，或者選擇能有穩定配股配息、優於定存的股票，值得長期持有的公司，並利用財務分析避開帳務造假，與可能未來會營運不善的股票。而技術面分析則利用股

價趨勢與量能的變化，分析目前的多空方向，尋找關鍵的多空轉折點。

指標對選股的重要性

但不論哪種分析方式，都有其相對應的參考指標，因為指標是股票分析過程中的重要工具。為什麼指標對選股如此重要？可歸納以下幾個原因：

客觀性和量化

指標提供了一種客觀和量化的方法來評估股票、市場或公司的特定方面。這有助於減少主觀判斷和個人情感的影響，使投資決策更為客觀和一致。

訊息整合

股票市場涉及大量的訊息和數據，指標可以將這些訊息整合在一起，以提供簡潔的摘要。這使投資者能夠更容易理解市場趨勢和公司狀況。

幫助判斷

指標有助於判斷如公司營收與獲利，股票價格與成交量等數據的趨勢，可能有助於預測未來股價走勢，從而制訂投資決策。

節省時間

因為它們提供了一種快速的方式來分析大量數據，這對於短線交易者來說尤其重要。

風險管理

許多指標用於評估風險，包括市場風險和個別股票風險。這有助於投資者制訂適當停損和資產分配策略。

訊號和警報

有些指標會提醒投資者注意潛在的交易機會或風險，有助於投資者在適當的時候進行交易。

比較和分析

指標可以用來比較不同的股票、資產類別或市場，幫助投資者選擇最具潛力的投資標的。

基本面分析常用指標

基本面分析使用各種財務和經濟指標來評估一家公司的健康狀況和價值。以下是一些常見的分析指標，但這些指標僅是基本面分析中的一部分，投資者通常會使用多個指標來全面評估一家公司。此外，指標的選擇也會根據不同行業和投資目標而有所不同。

本益比（P/E）

本益比是股價與每股盈餘（EPS）的比例，它衡量了投資者願意為公司每單位獲利支付的價格。較低的本益比可能表示股票被低估，但也可能反映出市場對未來獲利的擔憂。

優點：簡單易懂，常被用來評估公司的相對估值；並提供了關於市場對公司未來獲利的預期。

缺點：忽略了公司的負債等重要因素，而不同行業的本益比也不能拿來比較，因為不同行業的獲利能力和成長速度不同。

股價淨值比（P/B）

股價淨值比是股價與每股淨值的比例，它評估了公司的市值是否低於其資產的實際價值。較低股價淨值比可能表示潛在價值較高。

優點：提供公司資產價值相對於市值的評估。對於資本密集型產業[3]特別有用。

缺點：不考慮公司未來獲利能力，可能低估了成長型公司。比較不同行業的股價淨值比可能不準確。

3　資本密集型產業（Capital Intensive Industry）是指一個產業在進行生產活動時，需要資本設備的程度大於需要勞動人力的程度，例如交通、鋼鐵、機械、石油化學等基礎工業和重化工業都是典型的資本密集型產業。

股價營收比（Price-to-Sales Ratio，P/S）

股價營收比是股價與每股銷售收入的比例，它用於評估股價相對於公司的銷售情況。較低的股價營收比可能表示股價被低估。

優點：提供相對於公司銷售的估值，對於獲利不穩定的公司或初創企業有用。

缺點：忽略了獲利能力，可能低估了高利潤公司。拿不同行業的股價營收比來比較，可能不準確。

現金殖利率（Dividend Yield）

現金殖利率是每股股息與股價的比例，用於評估公司的股息支付能力。高現金殖利率可能吸引尋求穩定收益的投資者。

優點：評估投資者收到的現金回報，可用於穩定收益投資策略。

缺點：不考慮股票價格的成長幅度。而高殖利率代表公司將較多的錢發回給股東，可能代表公司無法有效運用資金創造獲利，或是所屬產業發展空間較小

獲利成長率（Earnings Growth Rate）

評估公司過去和預期的獲利成長速度，高成長率可能顯示潛在價值較高。

優點：提供公司過去和未來獲利成長的訊息，可用於評估公司的成長潛力。

缺點：基於預期，有可能不準確，亦不考慮風險和競爭環境。

負債權益比（Debt-to-Equity Ratio）

負債權益比衡量公司的負債水平相對於股東權益的比例，高負債權益比可能意味著風險較高。

優點：提供了公司的財務槓桿訊息，有助於評估風險，可用於評估公司的償債能力。

缺點：不考慮公司的產業或市場地位，亦即高負債權益比不一定表示風險高。

股東權益報酬率（ROE）

衡量公司的股東權益的回報率，它可以顯示管理層的效率和獲利能力。

優點：提供了關於公司如何有效地使用股東權益的訊息，可用於評估公司管理效率。

缺點：未考慮公司的債務和風險。

總結來說，基本面分析適用於長期價值投資，因為它有助於投資

人理解產業和經濟趨勢，以便選擇與這些趨勢相關的標的。它也能評估單一公司的長期價值，有助於投資者找到具有持久競爭優勢的標的；亦可揭示公司的風險因素，例如財務壓力、高負債比率等，有助於投資者管理風險。

但基本面分析最讓人詬病的缺點就是訊息落後，因為它使用的是歷史數據，對於股票價格的即時變化反應較慢。而解釋基本面數據和決定其重要性有一定的主觀性，不同投資者可能得出不同的結論。它也不適用於所有公司，例如初創企業可能缺乏可用的財務數據，難以使用基本面分析。而在實際操作標的時，基本面分析無法預測市場情緒和投資者行為，這些因素可能在短期內影響股價漲跌。

技術面分析常用指標

技術面分析是使用股票市場的價格和交易量等數據，來評估股票的未來價格走勢。那麼技術面分析常用的指標又有哪些呢？

移動平均線（MA）

移動平均線又稱為均線（Moving Average，簡稱 MA），代表過去一段時間裡的平均成交價格，均線最主要目的是用來判斷趨勢，通常是預期市場現在跟未來可能的走勢。常見的包括簡單移動平均線（SMA）和指數移動平均線（EMA）。SMA 是一般在報價軟體上預設的均線，計算方式是將區間內每一個數值相加並且除以總區間數，

數據採用的是均等權重，一般提到 MA，指的都是 SMA。EMA 在均線上分配了更多權重與價值參考，因此對價格波動、逆轉反應更為敏感，是短期交易者常參考的平均線。

短期均線由下往上穿越長期均線（黃金交叉），是買入的信號；短期均線由上往下穿越長期均線（死亡交叉），是賣出的信號。

優點：簡單易懂，適合初學者判斷趨勢。

缺點：反應較慢，可能會錯過快速變化的趨勢。能提供的交易訊號很少，需要其他指標的輔助。

隨機指標（KD）

測量股價接近最高和最低價格的相對位置，通常在 0 到 100。隨機指標也用於判斷市場超買和超賣情況，以及股票價格可能的轉折點，當隨機指標的值高於 80 時，通常被視為超買，可能暗示著股票的價格可能會下跌。相反，當隨機指標的值低於 20 時，通常被視為超賣，可能暗示著股票的價格可能會上漲。當隨機指標的 K 線穿越 D 線向上時（黃金交叉），可能出現買入訊號；而 K 線向下穿越 D 線時（死亡交叉），可能出現賣出訊號。

優點：隨機指標的計算相對簡單，易於理解。

缺點：隨機指標可能產生鈍化的情況，特別是在市場呈現盤整或

大幅震盪時。投資者須參考其他指標。隨機指標主要用於評估超買和超賣情況，但不能提供足夠的訊息來預測趨勢是否反轉。

相對強度指標（RSI）

是一個衡量股價變化速度和幅度的指標，範圍通常在 0 到 100 之間。RSI 用於確定市場超買和超賣情況，一般情況下，RSI 在 80 以上表示超買，可能暗示著股票的價格可能會下跌。20 以下表示超賣，暗示著股票的價格可能會上漲。

優點：用數據確定超買和超賣情況，有助於進行逆勢交易，非常易於使用。

缺點：有時可能產生鈍化的情況，尤其在強勢市場中，超買狀況可能一直持續。不適合用於單一指標的交易策略。

平滑異同移動平均線指標（MACD）

MACD 指標是由 DIF 與 MACD 兩條線組成，DIF（快）短期，判斷股價趨勢的變化。MACD（慢）長期，判斷股價大趨勢。後來才加入柱狀圖，柱狀圖是用 DIF - MACD 所繪製。

當 DIF 與 MACD 交會，代表趨勢發生轉變，所以 MACD 指標是判斷股價波段走勢的重要指標。一般來說，可用快慢線交叉和柱狀圖，這兩種方式看出買賣訊號。簡單來說 MACD 就是長期與短期移

動平均線收斂或發散的徵兆，加以雙重平滑處理，用來判斷買賣股票的時機與訊號。當 DIF 穿越 MACD 向上時（黃金交叉），通常產生買入訊號。當 MACD 線向下穿越 DIF 線時（死亡交叉），通常產生賣出訊號。

優點：可簡單判斷進場和出場時機的有用工具。

缺點：在盤整或大幅震盪市場中，MACD 可能產生鈍化，導致投資人不斷買進或賣出。而 MACD 主要用於評估趨勢的持續性，而不是趨勢的反轉。

圖 1-2-1：什麼是黃金交叉、死亡交叉？

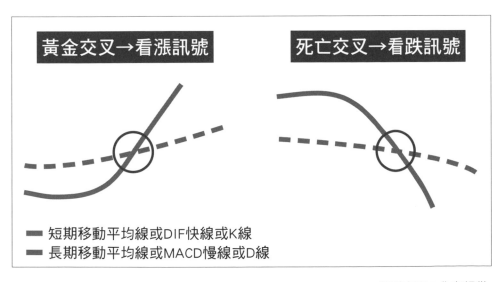

資料來源：作者提供

布林通道（Bollinger Bands）：

布林通道包括中軌、上軌和下軌，中軌是股價的移動平均線，上下軌是中軌的標準差的倍數。布林通道用於衡量股價的波動性，收窄表示波動減小，擴大表示波動增加。價格觸及上軌或下軌時可能發生轉折。

優點：提供價格波動性訊息，有助於確定價格通道，可以用於判斷轉折點。

缺點：不能單獨做為交易訊號，需要與其他指標結合使用。僅反映過去價格波動，無法預測未來。

成交量（Volume）：

成交量指標顯示某一期間內的股票交易量。成交量可用於確認趨勢的強度，大量交易可能伴隨著趨勢的持續。

優點：成交量是市場參與度的度量，它顯示了多少投資者參與了交易。高成交量通常顯示市場活躍，而低成交量可能顯示市場趨於冷清。

缺點：成交量不能提供有關價格走勢方向的訊息，另外在一些流動性低的股票中，成交量可能較低，因此容易受到單一大宗交易或人為操縱影響。成交量能說明有多少股票在特定時間內交易，但不能解

釋交易的原因。

要特別強調的是，大部分技術指標都是根據最高、最低、開盤、收盤價等，以不同的方式計算出來的。因此，基本上它們皆為價格的附帶工具，也就是說價格高低影響技術指標的高低很大，而技術指標的高低對於價格的影響則相對沒有那麼大，所以不要依據技術指標的高低，做為買進賣出的唯一策略。

判斷股票強弱，有更簡單精準的指標——多空趨勢指標差

為跳脫基本面分析與技術面分析指標的缺陷，投資人需要一個更精準判斷股票強弱的指標，若是持續強勢則可以續抱，儘管技術面短期有過熱的賣出訊號，或者基本面已經估值過高。另一方面，假如股價轉為弱勢，將可避開技術面有買進訊號的鈍化陷阱，也可避開基本面分析的落後指標。

綜觀全球各國股市歷史發展的進程，尤其是新興市場，初期都會有一段資金多、股票籌碼少的年代，那是一個齊漲齊跌的年代，只要分析大盤的多空就可以。大盤多頭，找個順眼的股票買進，就能讓你賺到盆滿缽滿；一旦大盤陷入了空頭，就算再有本事的機構法人，也是賠到慘兮兮，那時只會流行一句話：現金為王，意思是你什麼都不用買，保有現金才是智者。

以台股為例，自從 2000 年之後，隨著已上市的公司配發越來越多的股利，以及許多新上市的公司湧入市場，股票籌碼成等比級數上升，造成股票籌碼大於投資市場的資金後，齊漲齊跌的日子已成過去。就算大盤因經濟景氣轉好走多，一套資金也無法在短期間雨露均霑，讓每個投資人都有獲利的機會，而是個股輪漲，各產業輪流走多，導致「賺了指數，賠了差價」的故事與場景層出不窮，成為投資人心中的痛。

因此如何分析股票的強弱與產業主流，逐漸成為投資市場的主流。只是什麼叫強？什麼叫弱？難道今天漲停的就是強，今天跌停的就叫弱；近一月漲幅較大的就是強勢，該買進，近一月跌幅較大的就是弱勢，該賣出。怎麼個強法該買進，怎麼個弱法該賣出，仍然困擾著投資人。

筆者與研究團隊利用經濟學中適應性預期理論（Adaptive expectations），結合基本面分析與技術面分析，研究出如何判斷強弱的定義，獨家研發出一套勝率超高的選股系統，並以 2010 年後的股價實際漲跌，驗證這個方法的有效性。

同時為了方便讀者使用，將其轉化成「多空趨勢指標」與「主力脈動線」（詳見第 2 章），幫助讀者輕鬆判斷股票強弱勢與產業主流。無論你是用基本面分析或技術面分析的投資人，都該使用多空趨勢線與主力脈動線，來增加投資的勝率。

1-3 打造你的選股勝利方程式

　　初入股市的新鮮人，通常不是信奉基本面分析學派，就是技術面分析學派的信徒。不管是用基本面分析或用技術面分析買進股票，兩種方式都沒有錯，最忌諱的是混用。

　　以基本面分析的方法買進股票，因耐心不足未等到豐厚回報前，就以技術面分析的理由，停損或停利。若以技術面分析買進股票，一般碰上的問題是，若不能立即獲利，甚至虧損，則會轉為基本面分析者而長期持有，直到股票下市或下一次多頭時解套出場。缺乏紀律，才是導致虧損的主因。在股票下跌時，與其加碼攤平，不如嚴守紀律執行停損，才能在下一波段行情來臨時，有資金投入。

　　若要在股市中長長久久，必然要建立自己的選股系統，有紀律地在系統規則下選擇股票，並適時地執行買進與賣出時點。既然要有紀律，就要有系統化的方法來輔助。筆者認為最好的方法是先以系統化選股，建立持續關注的「股票池」，再用技術面的價量關係系統化決定是否持有。最後再以本書團隊獨創的「多空趨勢指標」來判斷是要進場布局，還是調節出場。如此才能大賺小賠，保有長期資產增值的趨勢。

如何建立自己的股票池？

首先讀者要了解什麼是「股票池」？簡單說，股票池就是股票的蓄水池，透過分析與篩選，把需要關注的股票放入這個池子，並追蹤關注這些公司的基本面的變化，從而更容易抓住好的建倉機會。

沒有股票池，股票投資就會饑不擇食，往往會人云亦云，變成盲目買入的投資者。投資者沒有股票池，就像是平時沒見過世面的人，只要有一點點機會就會急著抓住，而不管它是不是真正的好機會，這樣往往得不償失。但有了股票池就意味著，正在慢慢建立自己的操作模式或戰法，也就有了操作範圍；不斷跟隨市場進化，更新股票池，也等於在優化自己的戰法。

如果想以台股為主要操作市場，當然就應在台股市場裡篩選股票，選定市場後，接下來就要用到一些基本面的指標來篩選出想要投資的股票。在篩選股票前，一定要明確認知，選股票就是選企業。市場上的股票代表的是公司，所以一定要深入分析將來可能要買入的公司，而不是看到電視或某股票群裡有專家或達人推薦就買入，根本沒有自己分析研究過。

筆者與研究團隊來自不同投資領域，共同推演出選股的系統方法，從剔除投機性質太高的股票開始，保留被低估與長期能成長的股票，配合三大法人與主力籌碼分析與產業主流分析，同時以傳統的技術分析指標（如 MACD、KD 等），找出處於多頭型態的個股，最後

在獨創的「多空趨勢指標」篩選下，建立持續觀察的股票池。

　　每日持續檢視股票池中持股，一旦出現買進訊號，便通知團隊成員，提前布局或大舉搶進；另一方面，如果發現賣出訊號，也迅速發出警訊，利於團隊成員提早調整持股或停損。完整系統化選股流程如下：

圖 1-3-1：本書團隊獨創選股系統

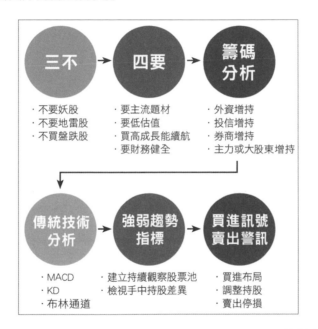

資料來源：作者提供

從茫茫股海中撈起珍珠的實例

　　目前台股有近 2,000 檔股票，就算只用 5 秒看一檔股票的股價，就必須花費兩個多小時，更不用說要深入研究了，因此系統化選股對

於節省投資人時間以及增加效率，非常重要。

以 2023 年 7 月 11 日為例，本書團隊實際操作上述選股系統，在當時台股共計 1,795 檔股票中，剔除「三不」股票剩 1,091 檔，挑出「四要」股票剩 491 檔，經過籌碼分析篩選後剩 184 檔，經過傳統技術分析確認走多個股剩下 136 檔，最後以多空趨勢指標檢驗，剩下 104 檔（如表 1-3-1）。這 104 檔個股便成為團隊的參考股票池，其中不乏帶領台股在 2023 年上半年創造一波大多頭的 AI 相關類股，如廣達、光寶科、緯創、緯穎等強勢股，足見這套選股系統的選股精準度。

表 1-3-1：選股系統篩選出 104 檔股票池（以 2023/7/11 股票池為例）

成分股							
50		中型 100		小型		櫃 50	
2308	台達電	1477	聚陽	2481	強茂	3293	鈊象
2382	廣達	2301	光寶科	9958	世紀鋼	5371	中光電
		2353	宏碁	6285	啟碁	6472	保瑞
		2360	致茂	3596	智易	6741	91APP*-KY
		2383	台光電	2388	威盛	8086	宏捷科
		2385	群光	9939	宏全	8255	朋程
		3035	智原	5306	桂盟		
		3231	緯創	6414	樺漢		
		3406	玉晶光	3515	華擎		
		3702	大聯大	5388	中磊		
		6669	緯穎	8081	致新		
		9941	裕融	4755	三福化		
				2851	中再保		

	非成分股				
1217	愛之味	6139	亞翔	4523	永彰
1532	勤美	6192	巨路	4754	國碳科
1535	中宇	6197	佳必琪	4768	晶呈科技
1603	華電	6451	訊芯-KY	4953	緯軟
1786	科妍	9927	泰銘	4979	華星光
2010	春源	1784	訊聯	5236	凌陽創新
2228	劍麟	2066	世德	5457	宣德
2329	華泰	2916	滿心	5508	永信建
2332	友訊	3088	艾訊	5511	德昌
2402	毅嘉	3131	弘塑	5516	雙喜
2436	偉詮電	3163	波若威	5536	聖暉
2480	敦陽科	3265	台星科	6187	萬潤
2701	萬企	3289	宜特	6188	廣明
3013	晟銘電	3362	先進光	6417	韋僑
3014	聯陽	3363	上詮	6462	神盾
3033	威健	3540	曜越	6470	宇智
3305	昇貿	3548	兆利	6538	倉和
3380	明泰	3551	世禾	6679	鈺太
3704	合勤控	3558	神準	6703	軒郁
4164	承業醫	3611	鼎翰	8048	德勝
4439	冠星-KY	3689	湧德	8155	博智
4746	台耀	4173	久裕	8433	弘帆
4934	太極	4175	杏一	4506	崇友
5234	達興材料				

資料來源：作者提供

多空趨勢指標克服鈍化，精準找到買賣點

善用技術指標的投資人，通常會使用技術分析指標的 KD 值黃金交叉向上，或 MACD 柱狀圖由負翻正，來決定買進時點；另一方面也會用 KD 值死亡交叉向下，或 MACD 柱狀圖由正轉負，來決定賣出時機。實際上應用的結果，若能抓到一波漲幅，或能有豐厚的獲利，但可惜的是，當 KD 指標開始鈍化時，往往會錯失更大一波漲幅，又或者造成更大一波損失。

利用 KD 或 MACD 等技術分析指標判斷買賣點，最怕股價盤整，不論是在低檔盤整或是在高檔盤整，只要是盤整，股價上上下下，沒耐心的投資人就會不斷進出，因而增加交易成本。多盤整幾次，波段趨勢的獲利，往往無法彌補每次買賣交易累計的損失。

因此團隊獨創的多空趨勢指標就派上用場，透過追蹤觀察股票池中，個股的多空趨勢指標差值的變化，買進訊號出現時，便可進場布局；而賣出訊號出現時，若捨不得停損出場，也該調節賣出。以 2023 年 7 月 26 日為例，多空趨勢指標建議 8 檔買進股、4 檔布局股。以報酬率來看，截至 9 月 8 日，買進股的東陽、欣銓、中光電，不到兩個月就有一到三成的漲幅。

以上是驗證這套選股系統與多空趨勢指標威力的實例，詳細的操作方法，將於第 2、3 章完整說明。

表 1-3-2：用多空趨勢指標決定的買進與布局股

買進股			
1319	東陽	6414	樺漢
1603	華電	3264	欣銓
1612	宏泰	5371	中光電
2480	敦陽科	6203	海韻電

布局股			
1476	儒鴻	3034	聯詠
1795	美時	3114	好德

資料來源：作者提供

1-3 打造你的選股勝利方程式

成功選股的關鍵：
判斷強弱、建立多空
趨勢線與主力脈動線

前言

　　第 1 章提到的「多空趨勢指標」是本選股系統最關鍵的元素，本章節將完整解讀如何透過這個指標選出飆股，據此指標繪製出的「多空趨勢線」與「主力脈動線」，又是如何幫助投資人判別多空、決定買賣訊號？

2-1 用多空趨勢指標差找飆股

　　「追高殺低」可說是所有散戶的通病，看到優質股起漲時一路不敢追高，股價就一路漲，漲到後來股價修正時，卻覺得還是觀望一下比較好，遲遲不敢下手，結果就看著盤勢開低走高，才流下懊悔的眼淚。等到最後終於受不了，跳進去追買，下場就是悲慘地買在波段最高點，而且剛買進就開始反轉下跌，最後忍痛砍在「阿呆谷」。在一連串的交易的過程當中，被市場洗來洗去。

　　為何散戶脫離不了這種宿命呢？其實只是沒弄懂一個最簡單、也最基本的賺錢法則：選對股票後買進，在適當的時機賣出。而第 1 章提到本書獨創的「多空趨勢指標差」、「多空趨勢線」與「主力脈動線」，即可完全解決散戶的痛點，它更是本書獨創選股系統與交易系統中最關鍵的指標，透過這些指標，可以精準選股與決定何時該買賣。

人對未來的判斷，常基於歷史經驗

首先來談談多空趨勢指標差，要清楚解釋，就必須引用經濟學中的「適應性預期理論」做為核心理論基礎。

適應性預期理論（Adaptive Expectations Theory）是總體經濟學理論古典學派對未來預期所提出的一個假說，特別與宏觀經濟學和通貨膨脹率預測有關。該理論最早由約翰·穆斯（John Muth）在 1961 年提出。適應性預期理論的核心思想是，經濟參與者（如消費者、生產者和投資者）在預測未來經濟事件時，主要依賴過去的觀察和經驗。換句話說，他們認為未來的經濟情況將繼續沿著過去的趨勢發展，而不會基於全新的訊息來調整他們的預期。這種預期形成方式是「適應性」的，因為它們隨著時間的推移而適應現實經濟的變化。

例如，如果通貨膨脹在過去幾年一直維持在 2%，那麼根據適應性預期，人們可能會預期未來的通貨膨脹仍然會保持在 2% 左右，因為這是他們過去觀察到的情況。而這種預期假說也成功預測了 1970 年代和 1980 年代的通貨膨脹，因此經濟學家認為，儘管未來物價理論上應為理性預期，但實證上卻該發現大部分的時間都有效落入適應性預期模型中。

用適應性預期來計算未來的通貨膨脹，可以用下列的算式來描述。這裡用 P^e 表示當前對於下一年的通貨膨脹的預期，P 表示當期實際的通膨，P^e_{-1} 表示在上一期對於當前的預期，λ 則是參數：

$$P^e = P^e_{-1} + \lambda \; (P - P^e_{-1})$$

也就是說，當前對於將來的通貨膨脹預期反映了過去的預期以及前期的預期，當前真實數據的差距的調整項 λ（$P - P^e_{-1}$）。這個調整項被稱為是「部分調整的」。與其說這反映了對通貨膨脹預期的更正，可能更體現出人們對於他們預期的反應能力的緩慢變化。展開上述公式後：

$$P^e = (1 - \lambda) \sum_0^J (\lambda^j P_j)$$

這裡 P_j 為過去 j 年的真實通膨。由於 $\lambda < 1$，因此，當前的預期通膨反映了所有過去通膨的加權平均，這裡的加權隨著年數越往前（j 越小）而變得越來越小。

股票投資其實也與人們對通貨膨脹預期一樣，大部分的時間都能有效落入適應性預期模型中。因此把通貨膨脹率改為對股價上漲率的預期，即將個股或產業指數的漲跌幅度，取代物價的通貨膨脹率。

這裡要特別強調，λ 是個參數，理論上應該以大數據的方式計算出來，然而實證上又會因取樣年代、當時經濟環境、人們的風險偏好有關。不過這個問題不大，只須保持隨著期數越往前，影響當期預期的權重越小即可。

用 1、3、6 個月漲跌幅，算出股票多空趨勢指數

適應性預期也可以運用在股市中，具體的表現為投資者根據過去的股價表現來預測未來的趨勢。如果某檔股票在過去的一段時間一直上漲，投資者可能會預期該股票未來仍然會上漲，因此可能會購買該股票。

由筆者與研究團隊過去 20 多年的投資經驗來判斷，一般人投資最關心的投資期間約莫在半年以內；而法人機構檢討績效也會用 1 個月、3 個月、半年的角度來檢討。所以本書團隊選擇以半年的資料計算形成預期的區間，即將個股近 6 個月、近 3 個月、近 1 個月的漲跌幅相加，計算所得之「值」即為「適應性預期指數」。

看起來很簡單，但事實上它隱含經濟學裡適應性預期理論之涵義，我們可以這樣理解：6 個月的漲跌幅包含 3 個月與 1 個月的漲跌幅，3 個月漲跌幅又包含 1 個月漲跌幅；若 3 個數字相加，就代表 1 個月表現被加 3 次，3 個月表現被加 2 次，6 個月表現則 1 次。轉換成權重，意味著投資人對持股損益的看法，受 6 個月前漲跌幅 1/6 的影響，受 3 個月前漲跌幅 1/3 的影響，受一個月前漲跌幅 1/2 的影響。這就完全吻合上述適應性預期的算式，也就是人們對未來的看法，受短期影響最深，中期影響次之，長期影響最淺。

讀者可利用證交所盤後資料或「台灣股市資訊網」等股票資訊網站，查詢某檔股票的近 1 個月、3 個月（季）、6 個月（半年）的漲跌幅數據（如下頁圖 2-1-1 紅框處）。

　　將這 3 個值相加，可得到該股的適應性預期指數，再將這個指數之值，與加權指數的適應性預期指數值相減，得到「多空趨勢指標差」（如下頁圖 2-1-2）。

　　這個值若大於零，表示該股票近半年來表現強勢，將受到市場的注意與資金的追捧，股價若有回檔都是介入的好時機。反之，若這個值小於零，就暫時不要投資，就算股價短期上漲，也可能是空頭走勢下的反彈。

圖 2-1-1：查詢個股 1、3、6 個月漲跌幅——以台積電為例

股價漲跌及成交量累計														
結算價 535元	3日 09/18 ~09/20	5日 09/14 ~09/20	10日 09/07 ~09/20	一個月 08/22 ~09/20	三個月 06/26 ~09/20	半年 03/23 ~09/20	一年 22' 09/21 ~09/20	二年 21' 09/22 ~09/20	三年 20' 09/21 ~09/20	五年 18' 09/21 ~09/20	十年 13' 09/23 ~09/20	十五年 08' 09/22 ~09/20	二十年 03' 09/22 ~09/20	今年 01/03 ~09/20
起算價	558	541	550	537	581	533	476.5	600	444	260	103	55.6	69	448.5
漲跌價	-23	-6	-15	-2	-46	+2	+58.5	-65	+91	+275	+432	+479.4	+466	+86.5
漲跌幅	-4.12%	-1.11%	-2.73%	-0.37%	-7.92%	+0.38%	+12.3%	-10.8%	+20.5%	+106%	+419%	+862%	+675%	+19.3%
振幅	2.51%	4.25%	4.18%	5.4%	9.81%	19.7%	47%	53%	71.6%	185%	571%	1172%	944%	33.7%
成交張數	8.93萬	15.2萬	24.1萬	46.8萬	136萬	307萬	771萬	1585萬	2621萬	4686萬	8759萬	1.5億	2.16億	467億
成交金額	483億	832億	1312億	2562億	7617億	1.68兆	3.85兆	8.44兆	14.3兆	20兆	26.9兆	31.2兆	35.1兆	2.51兆
週轉率	0.34%	0.59%	0.93%	1.8%	5.25%	11.8%	29.7%	61.1%	101%	177%	338%	578%	831%	18%

*週轉率=累計成交張數/目前股票發行張數×100%

資料來源：台灣股市資訊網

圖 2-1-2：圖解多空趨勢指標差計算方式——以台泥為例

資料來源：作者提供

指標差值小於零別碰、大於零可續抱

相信透過坊間的書籍，許多讀者已具備若干基本面與技術面的分析能力，只是這些分析能力的準確度並非那麼高，但這並不代表你不夠努力，也不代表你的方法是錯的，而是時機未到。因為市場就一套資金輪動，有那麼多值得投資的股票，往往你看好的股票，真的是一檔好股票，只是因為你沒耐心持股，賣掉之後才輪到它開始漲。

這時你就需要多空趨勢指標差這個精選強勢股的利器，當個股指標差值大於零，就可以考慮持股續抱，免得因為沒耐心，而損失一大波段的獲利。

還有一種狀況就是，股票基本面沒問題，技術面也轉多，那為何股價反彈沒幾天就開始下跌？那是因為市場多數尚未認同它，儘管短期有所表現，但股價的表現在中長期投資人的眼光中，仍然居於弱勢，因此缺乏持續上漲力道。所謂「可憐之人，必有可恨之處」，一個人看起來可憐，背後總有不為人知的原因；同樣的，股價下跌必有背後的原因，若是大環境因素跟著下跌還好，資金遲早會回流會還它公道，但若是長期弱勢，必有背後資金退潮的原因，就無法期待有人能還它公道。

在此狀況下，多空趨勢指標差就能充分扮演好一個篩選弱勢股的角色，只要指標值小於零的股票，就算業績再好，短期漲勢再強，也不要介入投資。

用多空趨勢指標差判斷是否介入一檔股票的好處是，簡單快速幫你篩出不能碰的弱勢股；另一方面，用指標買進優質股票後，你可以抱得非常安心，就算股價短期下跌，你不必擔心被套牢。若你能提前買進前景良好、盈餘成長快速，仍未被投資大眾所認知的公司，一旦其他投資人發現它被低估時，就會紛紛搶進，股價便會急遽上升，你就能順利賺到一大筆價差。

在薪水凍漲的年代，人人都想增加收入，因此越來越多人投入股市，但是大部分只想聽明牌玩股票，基本面與技術面分析都不懂，結果是「被股票玩」而賠錢出場。其實，不論你想做短線或長線投資，都應該學會運用這項「多空趨勢指標差」，以及由它進一步發展出來的「多空趨勢線」與「主力脈動線」，將其用在實戰操作，才能掌握賺錢機會，並且避開賠錢的風險。

2-2 用多空趨勢指標差找主流產業

不過在選股之前，有一件事非常重要，那便是要找到主流產業。主流產業指的是目前市場上受到廣泛關注、有良好前景且對經濟有重要貢獻的行業。了解主流產業有助於選擇潛在的黑馬股，因為這些產業通常具有更好的生存能力、發展潛力和投資吸引力。這意味著這些產業的股票可能會更容易受到市場關注，並且有較好的流動性和交易機會。

主流產業通常與經濟成長密切相關，投資這些產業可以提供更多獲利機會，因為它們受到消費需求、技術創新、人口變化等因素的影響。而且主流產業通常具有較高的穩定性和抗風險能力，這是因為它們往往在多種經濟狀況下保持相對穩定的營運。這可以幫助降低投資風險。

指標排序，找到當紅產業、避開夕陽產業

因此了解主流產業的發展趨勢，可以幫助投資人預測未來的市場需求，從而選擇具有潛力的候選股票。例如，隨著綠色能源需求增加，可再生能源產業可能成為主流產業，相關股票可能會具有較好的未來成長潛力。不過主流產業往往存在激烈的競爭，這也意味著市場中有許許多多的投資機會，你必須找出真正具有競爭優勢的公司，進而選擇潛在投資標的。

但尋找主流產業並不容易，因為經濟環境隨時變化，新的產業可能隨著新技術、新市場需求或政府政策的出現而快速崛起，舊產業也可能因經濟變化而式微。技術的快速變革可能使一些傳統產業面臨挑戰，同時也可能帶來新興產業的機會。了解技術變革及其對產業的影響是一項複雜的任務。而現代經濟有眾多的產業，每個產業都有自己的特點和挑戰，例如 2023 年暴紅的生成式 AI、AI PC 等。也因此，了解不同產業的運作機制、市場需求、技術發展和政策影響需要豐富的知識和經驗，成為投資理財必備的功課。

更何況現代社會訊息爆炸，投資者可能會面臨信息過載的困擾。從海量的訊息中選擇並辨識出主流產業和趨勢變得非常困難。除了訊息過多，投資人可能會受到市場情緒、社交媒體、他人建議等因素的影響，這可能導致過度反應或過度悲觀，使其判斷產業走勢失真。

用顏色區隔，一目瞭然

總的來說，尋找主流產業需要仔細分析市場，了解經濟環境，追蹤產業技術發展，但這對一般投資人來說門檻其實相當高，難道沒有更簡單、更容易操作的方法嗎？答案是，有的。

那就是先前提到的「多空趨勢指標差」的概念，它能用在尋找強勢股，也可以用在尋找主流產業上，它們都以適應性預期理論為基礎，其主要內容為：當前的預期在沒有其他變數下，反映了所有過去的加權平均，這裡的加重權數隨著期數往前期變得越來越小，而期數越近則越來越大。因此筆者與研究團隊選擇了短期報酬 50％權重，中期報酬 33.3％權重，長期報酬 16.7％權重，得出「個股與產業強弱勢趨勢指標」。

只要將個股的股價改為產業指數，並將各種產業指數排序，並根據排序變化，比照類似景氣燈號，由前景看淡、轉變到看好，賦予由綠、黃到紅的顏色，如此一來，就很容易地看出目前市場的主流產業為何。觀察顏色的變化，投資人就可以判斷哪些產業正形成主流，應該多關注，並適時介入；哪些產業已經退流行，應該適當調節。

以 2020 年 1 到 4 月為例，一樣先計算出大盤與產業指數的適應性預期指數，並將各產業適應性預期指數值減去大盤值，就會得到「多空趨勢指標差」，透過本書研發的運算程式運算，可將相對應的指數排序，繪出相對大盤強弱的產業多空趨勢指標，表現較佳的產業標為紅色，較差表現的產業標綠色（如下頁圖 2-2-1 紅框處）。

綠色區塊產業的成分股不值得關注，偶發性的翻紅，也只能認為跌深反彈，如下圖的航運股（如下頁圖 2-2-1 藍框處）。而黃色到紅色的區塊，其代表的產業指數項下的成分股，才是值得持續觀察的股票。同時也要留意由黃轉綠的產業，該產業旗下的成分股，將有退流行的可能。

圖 2-2-1：用「多空趨勢指標差」找出的主流產業

股票名稱	20220107	20220114	20220121	20220126	20220211	20220218	20220225	20220304	20220311	20220318	20220325	20220401	20220408
金融保險類報酬指數	4	2	2	2	2	2	2	4	4	4	6	6	1
化學類報酬指數	3	5	7	7	6	5	4	3	3	3	2	3	2
電子通路報酬指數	1	1	1	1	1	1	1	1	1	1	1	2	3
鋼鐵類報酬指數	24	21	23	24	21	18	15	14	10	9	5	5	4
電器電纜類報酬指數	15	12	14	15	13	13	13	13	8	8	4	4	5
航運類報酬指數	22	22	26	27	26	16	9	2	2	2	3	9	6
通信網路業報酬指數	10	10	9	9	7	7	10	8	9	7	7	6	7
生技醫療類報酬指數	20	23	25	23	26	26	26	25	22	20	18	12	8
水泥類報酬指數	21	20	19	16	16	19	18	20	20	14	16	8	9
電子零組件報酬指數	2	4	5	6	9	9	8	6	7	11	13	7	10
資訊服務報酬指數	11	11	10	10	10	10	12	16	17	15	10	11	11
電機機械類報酬指數	14	18	20	19	20	21	17	17	15	17	19	15	12
電腦及週邊報酬指數	5	7	6	3	4	3	3	5	5	5	8	10	13
加權報酬指數	9	8	8	8	8	8	7	11	16	17	14	14	14
食品報酬指數	16	13	11	11	11	11	11	12	13	12	11	18	15
塑膠報酬指數	19	16	16	14	12	12	16	18	19	17	14	13	16
玻璃陶瓷類報酬指數	28	28	28	28	28	28	28	28	28	28	28	17	17
造紙類報酬指數	26	26	22	22	25	24	25	26	26	26	26	25	18
觀光類報酬指數	27	27	27	26	24	25	21	7	6	6	9	22	19
台灣50指數	8	6	4	5	5	6	6	11	14	19	20	19	20

資料來源：作者提供

2-3 用「多空趨勢線」與「主力脈動線」判斷股票多空與買賣訊號

目前台股上市上櫃股票將近 2,000 檔，若是沒有好的選股方法，很難從中挖到寶，除非你擁有一個像投信或機構法人一般的專業研究團隊和資源，才能幫你分層研究，減少需要關注股票的數量，專注在有潛力的股票上，但這對散戶來講根本是不可能的任務。而坊間的股票投資書籍教你很多選股理論，實際操作下來仍摸不著頭緒；有些規劃不錯的股票網站，可以透過條件的設定，如營收成長、是否獲利、健全財務比例、量能變化、均線翻多、KD 值交叉、MACD 翻多等，但最後仍然篩出兩、三百檔股票，需要你決定是否投資，而且這兩、三百檔股票，還有許多處於盤整格局，而且尚未獲市場認同的股票。

為了解決散戶的種種難題，「多空趨勢指標差」便成為了投資人選股最關鍵的守門員。因為多空趨勢指標差是比較個股或產業與大盤過去某段期間的強弱，指標差即代表投資人對個股或產業的認同感，有了認同感才會共襄盛舉，並且前仆後繼投入資金。

以 2023 年 6 月 26 日到 7 月 26 日為例，依據第 1 章提到的初步選股標準，先剔除「三不」股票，留存「四要」股票，再經過籌碼分析與傳統技術指標多頭結構判斷後，將近 6 個月、3 個月、1 個月漲跌幅加權平均相加，獲得適應性預期指數，再與大盤的適應性預期指數相比，得出多空趨勢指標差，依此指標差可以輕鬆看出個股相對大

盤的強弱，可得到 15 檔值得關注的股票（如圖 2-3-1 紅字部分）。
透過這套選股系統，可大大減少投資人選股的時間。

圖 2-3-1：用多空趨勢指標差找值得關注的潛力股

股票代號	股票名稱	20230626~20230726差幅(%)收盤價	20230426~20230726差幅(%)收盤價	20230117~20230726差幅(%)收盤價	適應性預期指數	多空趨勢指標差
1215	卜蜂	-0.21	4.89	19.8	24.48	-10.47
1216	統一	0.13	3.25	12.37	15.75	-19.2
1217	愛之味	16.46	28.64	35.67	80.77	45.82
1319	東陽	2.81	22.79	33.66	59.26	24.31
1476	儒鴻	10.56	17.72	17	45.28	10.33
1519	華城	30.46	129.69	305.35	465.5	430.55
1603	華電	14.35	38.56	40.96	93.87	58.92
1612	宏泰	10.14	43.23	60.39	113.76	78.81
1702	南僑	4.5	9.59	14.67	28.76	-6.19
1789	神隆	-11.44	16.53	26.15	54.12	19.17
1795	美時	-5.48	15.92	20.92	31.36	-3.59
2352	佳世達	15.84	62.04	93.52	171.4	136.45
2376	技嘉	36.76	158.14	192.11	387.01	352.06
2377	微星	15.95	42.31	59.61	117.87	82.92
2382	廣達	76.45	211.07	269.5	557.02	522.07

資料來源：作者提供

　　多空趨勢指標差大於零的股票（上圖紅字部分），就是我們篩選出的「持續關注股票池」，只要多空趨勢指標差大於零，就表示股票有續漲的機會，但仍需觀察指標差數值的變化；倘若指標差數值下滑到一定程度，仍須有賣出調節的打算。接下來就要進一步教導讀者如何應用多空趨勢指標差。

在零軸以下代表弱勢，不易有大波段漲勢

接下來的核心任務，就在於闡釋如何透過多空趨勢指標，進一步建構本書獨創的「多空趨勢線」與「主力脈動線」。

首先我們先計算出大盤與個股適應性預期指數，並將個股值減去大盤值，得到「多空趨勢指標差」。若將每日的指標差為縱軸，收盤日為橫軸，可以繪出由所有差值串聯而成的線型、且相對大盤強弱的「多空趨勢線」，可精確識別個股相對於大盤的多空趨勢，做為投資判斷多空的基礎。以下舉台積電（2330）近一年的走勢為例（下頁圖2-3-2）。

當「多空趨勢指標差值」大於零，顯示該股票近半年來表現強勢，將受到市場主流力量（如三大法人及千張以上大戶）的注意與資金追捧，股價回檔都是介入的好時機。反之，若這個值小於零，就暫時不要投資該檔股票，就算股價短線上漲，也可能是空頭走勢下的反彈而已。

換句話說，**當用多空趨勢指標差繪出的「多空趨勢線」在零軸之上，就代表進入多方市場，可考慮分批布局；然而，當「多空趨勢線」落在零軸之下，就等於宣告進入空方結構，應摒除在選股名單之外。**

另一條同屬獨創的「主力脈動線」，反映三大法人及千張大戶等市場主流力量集結而成，可呈現在該檔個股之中，源自於法人大戶等主力籌碼最新即時動向。主力脈動線的畫法是將多空趨勢指標差值計算出均線（如20日均線。做法為：累加近20日多空趨勢指標差值並除

2-3
用「多空趨勢線」與「主力脈動線」判斷股票多空與買賣訊號

以20，取得20日均值，連續連結每日均值），即可得出多空趨勢指標差值之均線，便可利用差值與均線的交叉決定買賣點。本書即以這兩條線的交會，做為決定買進和賣出的時點與價位。

圖 2-3-2：用「多空趨勢線」看個股強弱──以台積電為例（2022/11~2023/11）

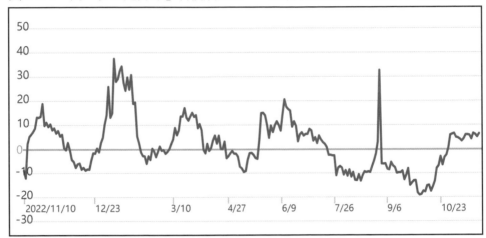

資料來源：作者提供

圖 2-3-3：台積電股價走勢（2022/11 ~ 2023/11）

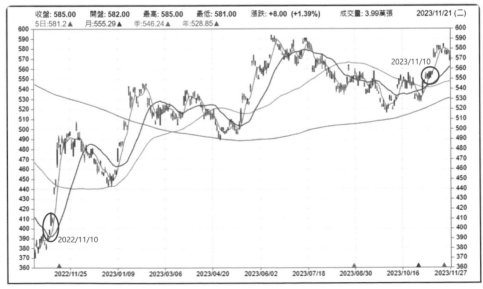

資料來源：台灣股市資訊網

當「多空趨勢線」在零軸之上，且由下而上穿越「主力脈動線」，即為買點；當「多空趨勢線」由上而下摜破「主力脈動線」，即為賣點。

　　如下圖以台積電為例，透過兩條線的交會，能讓投資者在波段谷底時買進（紅圈處），在波峰時賣出（綠圈處），除了精確掌握強勢股，更能以最簡單易懂的運算程式，協助投資人大幅提升投資績效。

圖 2-3-4：台積電（2330）的多空趨勢線與主力脈動線（2022/11~2023/11）

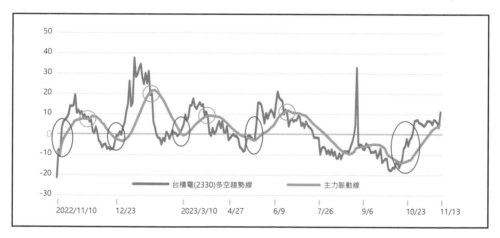

2022～2023 台積電股價震盪，多空趨勢線早知道

如圖 2-3-2 所示，繪製出的台積電（2330）多空趨勢線自 2022 年 11 月前，幾乎都在零軸以下；也就是說，相對於大盤是弱勢的，儘管台積電公布的財報，營收獲利不斷創高，但行情上也只有零星表現，遲遲無法走出一個大波段多頭行情。

直到波克夏在 2022 年 11 月 15 日的 13F 報告[1]，首度揭露買台積電 ADR（美國存託憑證）達 6,010 萬股，投資 41 億美元（約新台幣 1,258 億元），躋身台積電第 5 大股東。至此，在 2022 年悶了快一整年的台積電的股價，連續 4 天跳空大漲。

值得注意的是，似乎在巴菲特買台積電 ADR 的 13F 報告公布前，台積電多空趨勢線在 2022 年的 11 月 11 日急速向上竄升，突破零軸，特別是外資爆出單日買超 4.5 萬張的大量，是否巴菲特買台積電 ADR 的訊息，有人早一步知道？頗值得玩味。然而，一個月後，台積電的多空趨勢線又再度跌破零軸以下。

熟知台積電個股的投資人，會發現它的「元月效應」格外鮮明。往年只要在 1 月靠近農曆年前，通常都是一年之中台積電股價的高點（如圖 2-3-5 紅圈處）。如 2021 年台積電股價來到 679 元，當時大盤來到 16,238 點；隔年一樣在元月，1 月 17 日創下史上最高 688

1　13F 報告（Form 13F）是根據美國證券交易委員會（SEC）規定，管理超過 1 億美元的投資機構，包含共同基金、避險基金、養老基金、信託機構、保險公司等，每一季需要公布所持有的股票部位。

元的紀錄，而當天的大盤已衝上 18,535 點，與台股最高來到 18,619
點，相差僅 84 點。

　　產生「元月效應」的因素，與各大公司行號多在此時發放年終獎
金的「資金行情」息息相關，國際各大股市也常有同樣的元月效應。
由於年終獎金通常是受薪階級或上班族全年可領到最大一筆資金，投
入股市的機率也是全年最高的。而台積電不僅占台股權重最高、季季
配息，向來是國內所有投資人的最愛，更常是國內發行各大 ETF（指
數股票型基金）首選的標的，相對來說，元月效應也特別引人注目。

圖 2-3-5：台積電日 K 線圖（2020/06/04 ~2023/11/10）

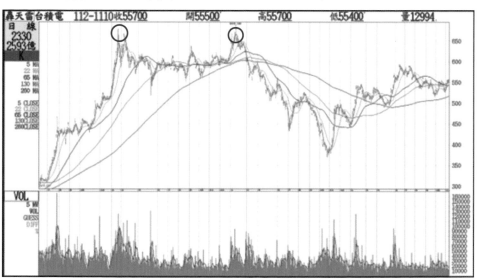

資料來源：轟天雷

果不其然，台積電的多空趨勢線在 2023 年 1 月 9 日突破零軸以上之後的一個月，在 2 月 16 日又再度跌到零軸以下。若進一步解析，台積電在 2022 年底至 2023 年上半年的走勢，可以說是元月效應外，外加一段「巴菲特蜜月行情」。

2022 年第三季底，巴菲特旗下波克夏公司砸逾 41 億美元大買台積電 ADR，但年底又減碼高達 86％，從 6,010 萬股砍到剩下 829 萬股，2023 年第一季全數出清。由於 13F 報告都是在執行交易一季後才對外公布，而台積電 4 到 5 月的多空趨勢線，幾乎多在零軸下。

雖然巴菲特曾盛讚台積電是「了不起的公司」，是世上管理最好、也是最重要的公司之一，從現在的 5 年、10 年或 20 年後，都可以說一樣的話。但他也在波克夏股東會上指出，賣出台積電是因擔憂台海情勢、地緣政治風險，直言台積電所在地點是他調整投資策略的主要考量，並認為資金配置在日本比在台灣好，讓他更自在一些。

雖然 2022 年 11 月中旬因巴菲特效應帶動市場的認同感，也因為巴菲特在 2023 年 1 月出清持股，造成市場對台積電信心不足，導致台積電多方趨勢未能形成。

巴菲特出清台積電的衝擊不小，但 2023 年 5 月底「AI 教父」、輝達（nVidia）創辦人黃仁勳（Jensen Huang）來台掀起的 AI 旋風，威力也很驚人。輝達既是台積電的超級大客戶，也是 AI 三雄包括廣達（2382）、緯創（3231）、技嘉（2376）重要的訂單來源。

黃仁勳登上台北國際電腦展（COMPUTEX 2023）大秀生成式 AI，讓 AI 股全面井噴，股本將近 2,600 億的台積電，漲幅雖然不及 AI 三雄動輒兩三倍來得驚人，但多空趨勢線也在 5 月 24 日一舉穿越零軸之上，直到 7 月 17 日才又度摜破至零軸之下；但台積電的股價，卻在黃仁勳登台颳起的 AI 旋風中，創下截稿前、2023 年以來的高峰，來到 594 元。

如果投資者單從 2022 年 11 月到 2023 年 11 月的台積電日 K 線圖（圖 2-3-3）來比對，相較 2022 年的空頭走勢，乍看會認為台積電 2023 年股價一路攀高相對強得多，以為處處都像是偏多操作的買點。然而，如果仔細比照同一期間的台積電多空趨勢線（圖 2-3-2），將會有驚奇的發現。

原來，當實質體現在台積電多空趨勢線時，台積電在 2023 年（截至 11 月），其多空趨勢線其實是不穩定地在零軸上下徘徊，顯示它 2023 年股價並沒有如同圖 2-3-2 的 K 線圖表現那般強勢。也許以長期價值投資觀點，仍可分批布局；若從短線來看，多空趨勢線已明白顯示：舉凡在零軸以下，都不是恰當的買進時機。

此外，另一種投資人更關切的問題是，即使台積電多空趨勢線超越零軸之上，是否能證明這就是值得買進的訊號？當判別個股多空趨勢之後，最重要的是，何時才是最適當的買進時機？何時又該賣出？否則很可能原本大賺的持股，最後反而抱到賠錢。

多空趨勢線跌破主力脈動線就該賣，避免套牢

此時，要解決這個買賣的決策判斷，「主力脈動線」正好派上用場。前面我們已界定過，主力脈動線是反映三大法人及千張大戶等市場主流力量所集結而成，可呈現在該檔個股之中，源自於法人大戶等主力籌碼最新即時動向。當多空趨勢線在零軸之上，且由下而上穿越主力脈動線，即為買點；當多空趨勢線由上而下摜破主力脈動線，即為賣點。

以台積電的多空趨勢線與主力脈動線交會的時機點可看出（如圖2-3-4），2022 年 11 月到 2023 年 11 月的買進時機點，大概只有 3 到 4 個。一旦多空趨勢線跌到主力脈動線下，就該賣出，而非等到跌至零軸之下，才進行停利或停損，才不會讓大筆資金被趨勢向下的股票套牢，導致資金未能抽離，進行最有效的運用。

嚴守紀律、嚴設停損，幾乎和嚴選股票一樣重要。在筆者從事證券投顧這一行的多年經驗，眾多投資人在實際操作股票時最常碰到的難題，就是「捨不得停利」、「不甘心停損」。而分析師最重要的任務，就如同「主力脈動線」發揮的關鍵作用，一旦出現關鍵訊號，就必須要求會員立即停利或停損。

以筆者在市場上多年的實戰經驗，所謂「萬般拉抬只為出」，不論外資、投信或自營商三大法人，或是手中握有某個股千張以上的大戶，往往在某幾次大量鎖單中，會吸引市場中各路人馬的注意，甚至

各方不明來源的籌碼的集結。由於法人或散戶們都會追蹤 K 線，不論是均線、KD 或 MACD 等傳統技術指標，甚至是每日公布在外的籌碼及追蹤分點，對於具有優勢資訊和籌碼的市場主流勢力，用所謂「騙線」、「甩轎」等操作手法，讓傳統技術指標失真、鈍化，並非難事。這正是為何市場上常有人將停損設在傳統月均線、甚至是季均線，等投資人一回過神才發現，原來手中股票早已大跌一波段，後悔莫及。

而主力脈動線能發揮的重大功能就在於此，它能即時偵測、追蹤市場上主流勢力的真實動向，一旦多空趨勢線跌穿主力脈動線，即代表擁有市場優勢籌碼的各路人馬，已紛紛將資金從這些股票撤出，轉戰其他呈現走強趨勢的個股；但絕大多數的散戶卻無從查覺市場上各路主流力量資金籌碼的動向，反而大量槓桿融資，追逐超強的人氣股，最終導致原本大賺變成大賠，甚至血本無歸。

關於多空趨勢線與主力脈動線如何進一步在股市中實戰應用，將在第 4 章詳細教學。

2-4 驗證指標的有效性

為了驗證多空趨勢指標是否有效，研究團隊設計了一個動態調整的投資組合，以檢驗這個投資組合是否能打敗大盤，或說表現優於追蹤加權指數的 ETF（指數股票型基金）元大台灣 50（0050）。

首先以元大台灣 50 為股票池，每月挑選元大台灣 50 成分股中多空趨勢指標差值大於零的股票，再從其中選擇 Beta 值大於 1、且絕對值最小的 10 檔股票。之後每月調整一次，比較元大台灣 50 與投資組合持有 3 年後、4 年後、5 年後的投資績效。

之所以選擇 Beta 值大於 1 的股票，是因為 Beta 值代表與市場波動相關的數值，若股票的 Beta 值等於 1，表示其波動性與市場一致。換句話說，市場漲 1%，股票相對就漲 1%；市場跌 1%，股票相對就跌 1%。為了取得較大漲幅的投資組合，因此選擇 Beta 值大於 1 的股票；然而若 Beta 值過大，很有可能該檔股票長期的漲幅已經過大，隨時都有回檔修正的可能。因此在大數據運算時，無法考慮個案，所以只能選擇 Beta 值大於 1，但該值相對較小的股票。

多空趨勢投資組合績效輕鬆打敗大盤

我們將 2010 至 2023 年，任一時點投資滿 3 年累積結果統計如下頁圖 2-4-1，發現多空趨勢投資組合的表現，優於元大台灣 50 投資累積 3 年結果。也就是說，該投資組合達成高報酬率的勝率都高於元大台灣 50（如圖 2-4-3）。

小辭典

別名 Beta 係數（Beta Coefficient），又常被稱為風險係數，是一種評估「系統性風險」的工具。可利用 Beta 值來衡量單一標的或一個投資組合，對比整體市場（大盤）的波動性，也就是你投資的商品報酬相對於大盤表現的波動程度。

如果把市場表現的基準當成 1，Beta 值大於 1 的標的會在市場表現好時，表現得更亮眼，市場表現差時，表現得更疲軟。Beta 值小於 1 的標的則是在市場表現好時，績效不比大盤好，但市場表現差時，標的的表現則優於大盤（損失比較不慘重）。

舉例來說，如果 A 公司的 Beta 值為 2，當大盤指數上漲 10% 時，A公司的股票就會上漲 20%；但大盤下跌 10% 時，A 公司的股票則會下跌20%。如果 B 公司的 Beta 值為 0.5，當大盤指數上漲 10% 時，B 公司的股票就會上漲 5%；當大盤下跌 10% 時，B 公司的股票則會下跌 5%，波動會比市場來得平緩。

圖 2-4-1：3 年累積報酬率分布圖

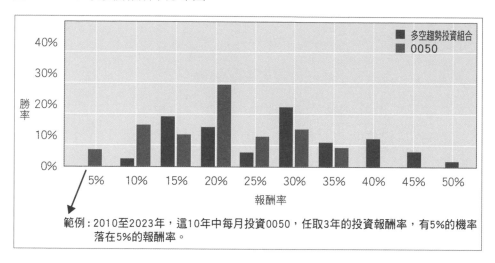

資料來源：作者提供

　　以圖 2-4-1 為例，我們就「多空趨勢投資組合」（在此指採用多空趨勢指標進行選股的投資組合）與國民 ETF「0050」在 2010 到 2023 年這 13 年，進行滾動式投資。從數據統計中發現，在這13年中任取 3 年「0050」累積報酬率，發現它的累積報酬率分布在低檔 0%到 5%、最高 35％之間，最高峰有 29％機率多落在 20％，8％機率則落在 35％。「多空趨勢投資組合」的累積報酬率至少 10％，最高報酬率可來到 50％，大幅超越 0050。

　　若將圖 2-4-1 的分布圖轉化成 3 年的累積報酬率（圖 2-4-3）來看，更清楚看出多空趨勢組合3年累積報酬率的均值統計是 25.13％，大幅超越 0050 的均值 17.65％。

　　再以這兩組投資組合 3 年的年化報酬率分布圖（如圖 2-4-2）相

較，依舊是多空趨勢投資組合表現較佳。0050 在任取 3 年的年化報酬率中，低檔區分布在 0% 到 2%，最高只有 12%，而最常發揮的表現，則是 8%。多空趨勢投資組合最高有 16%，就算表現再差，3 年年化報酬率至少也有 4%。而反映在圖 2-4-4，這兩個投資組合的 3 年年化報酬率均值，依舊是多空趨勢投資組合的 8.7%，勝過 0050 的 6.28%。

圖 2-4-2：3 年年化報酬率分布圖

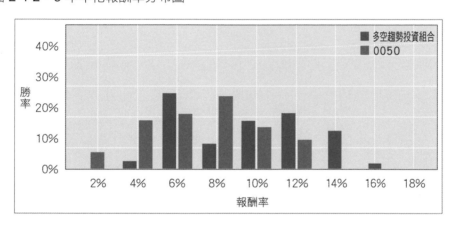

資料來源：作者提供

圖 2-4-3：3 年累積報酬率

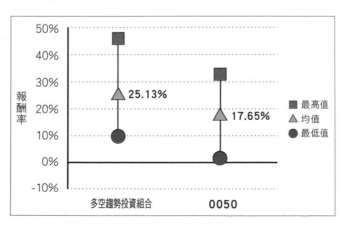

資料來源：作者提供

圖 2-4-4：3 年年化報酬率

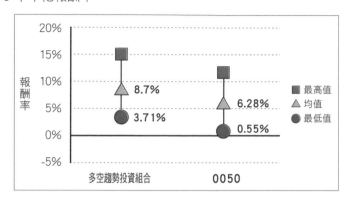

資料來源：作者提供

　　如果將時間從 3 年擴展成 4 年與 5 年，不論是累積報酬率或年化報酬率，多空趨勢投資組合不僅勝率不斷上升，而且逐年遞增。

　　以圖 2-4-5 及圖 2-4-6 為例，前者在多空趨勢投資組合 4 年的累積報酬率均值 37.66％，不僅遠高於自己 3 年期累積報酬均值 25.13％，而且在打敗 0050 組合 4 年累積報酬均值的差距，更從 3 年期的 7.84％，擴大為 10.45％。

　　這種情況，也發生在 5 年年化累積報酬率和年化報酬率的勝率上，如圖 2-4-7 和圖 2-4-8 所呈現的，多空趨勢投資組合在 5 年累積報酬率均值更來到 53.03％，完勝 0050 的均值 35.39％，兩者差距已擴大到 17.64％，逼進 18％。可見兩組投資組合相較，隨著時間越長，多空趨勢投資組合的勝率就越高。

圖 2-4-5：4 年累積報酬率

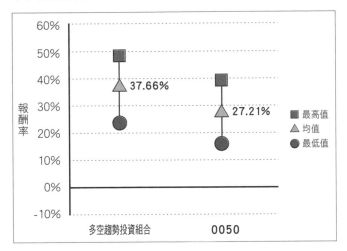

資料來源：作者提供

圖 2-4-6：4 年年化報酬率

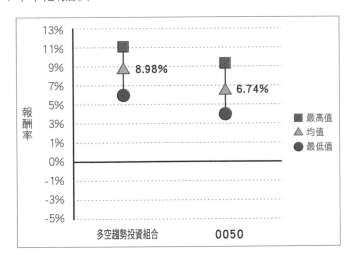

資料來源：作者提供

圖 2-4-7：5 年累積報酬率

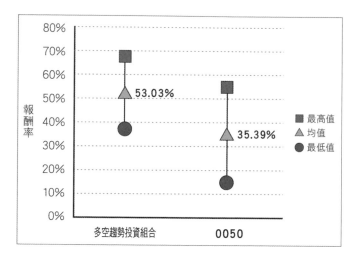

資料來源：作者提供

圖 2-4-8：5 年年化報酬率

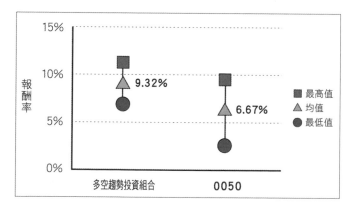

資料來源：作者提供

尤其是持有超過 5 年後，用多空趨勢指標選出的投資組合年化報酬，優於直接投資元大台灣 50 近 3 個百分點，證明這個多空趨勢指標，可有效用於投資。儘管標的只限於元大台灣 50 成分股，表現仍然十分優異，甚至已經打敗許多市面上的基金經理人投資績效。

由多空趨勢指標背後的涵義可知，透過多空趨勢指標差挑出的「多空趨勢投資組合」股票具有 Alph 值的投資報酬；Beta 值大於 1 的股票，在多頭時可以有較優於大盤的表現；而選擇 Beta 值較低的股票，又能在空頭時避免持有股票跌幅過大。三種力量加起來，打敗大盤的機率也自然提高。

Alph 值

投資股票時，Alph 值是衡量你能從這一項投資中獲得多少回報的標準，超過了你單純投資於整個市場所能獲得的。換句話說，它是一種衡量某檔股票與市場相比表現如何的方法。有許多不同方法來計算 Alph 值，但最常見的是將股票的回報率與一個基準指數（例如台灣加權指數）進行比較。

如果一檔股票的 Alph 值為 1.0，這意味著它的表現比加權指數高出 1.0%。相反的，如果一檔股票的 Alph 值為-1.0，表示它的表現比加權指數低 1.0%。如果這檔股票的 Alph 值很高，這意味著它過往的表現比市場好。

實戰篇 1：選好股的 4 大基本功

前言

「多空趨勢線」與「主力脈動線」是本書獨創選股與交易系統最重要的把關者，是大幅提高投資勝率的最佳利器。在使用之前，有些基本觀念要搞懂，例如哪些股票不能買、哪些能買。另外，有些基本動作要做確實，例如，掌握產業脈動，看懂股票籌碼面與技術面，搭配「多空趨勢線」即可預先判斷個股或大盤將進入多方或空方趨勢，未來是漲勢還是跌勢；同時再透過與「主力脈動線」的交會點，來決定股票的買點與賣點，這樣投資勝率即可大幅提升。

3-1 三不：這三種股票不要碰

在股市裡，你一次次成功獲利，甚至累積數次所賺到的錢，可能還抵不過一次大賠所造成的虧損。身為小資族的我們該如何有效穩健累積資產呢？經過筆者多年的驗證，得出一個結論：有些股票短期搶進殺出或許能賺到快錢，但時間拉長來看，根本無法累積更多金額，甚至可能還會讓投資人血本無歸。以下盤點 3 種投資人應該避開的股票類型。

莫名其妙暴漲暴跌的妖股

綜合坊間對於「妖股」的定義，妖股指的是，在公司營收獲利尚未出現明確利多或利空訊息情況下，股價卻連續大漲或大跌，且通常與市場盤勢背離。大盤下跌時連續暴漲，大盤上漲時卻暴跌；又或者有的公司明明虧損，股價卻連續漲停。如此奇怪的走勢彷彿有妖怪操盤，因此叫做妖股。

這類的股票普遍沒有基本面支持，甚至公司可能長期處於虧損狀態，股價卻出現暴漲的走勢，在短時間內就能產生巨大的漲幅。不過，追逐高報酬的背後通常伴隨著高風險，妖股能夠在短時間內暴漲，意味著當有天故事說完了，股價就容易出現暴跌的現象。

其實操作妖股背後，通常來自於擁有該檔個股優勢籌碼者，亦即市場上俗稱的「主力」，他們往往具有資金優勢、內線優勢、傳播資訊優勢，且都是由擅長心理遊戲的專業投資者所組成。他們有著敏銳市場觀察力，熟知散戶投資人追高殺低心態，借市場政策、行業概念風口，不計成本快速建倉，透過漲停吸引市場資金跟隨。也就是說，妖股往往是這些市場主力操作出來的。

既然是妖，就一定要有氣勢，主力通常會讓股價連續大漲吸引市場注意，並利用手中的籌碼買賣，讓股價呈現有利上漲的線型或技術指標，並對市場釋放出題材利多，給未來抬轎者畫一張賺錢的大餅。反之，也可能在明顯有利多新聞時，刻意摜殺股價，造成個股連續下

跌、甚至跌停來「甩轎」，藉此嚇退散戶，進行所謂「洗籌碼」，等散戶退場後，再回頭低接吃貨。

妖股的股本市值通常不高，股價也不高，易於吸引散戶，幾波拉抬後，利用後續追漲散戶幫忙鎖籌碼的信心度，做出 2 倍、3 倍，甚至 5 倍的上漲空間。達到一定漲幅後結束妖命，開始重跌，並用未來幾年平坦走勢，慢慢消化套牢賣壓。

妖股的特性

1. 初期不引人注目

妖股在初期時不受市場矚目，這些股票在啟動漲勢之前，會先漲停或大漲，投資者只會以為是超跌反彈，不特別注意。隨著行情的發展推進，等上漲近 1 倍後，投資人才發現該股票已經成妖，變成翻倍黑馬。

2. 大多為中小型股

一般在外流通市值為 50 億到 200 億元，流通市值若太大，主力在拉升股價時會比較費力，需要投入更多的資金；但流通市值也不能太小，否則主力出貨時會很麻煩，稍微大一點的賣單就會造成股價跌停，導致主力無法全身而退。

3. 無法用技術指標判斷買賣點

妖股在初期上漲時，不管用哪種技術指標都無法判斷買賣點。主力在初期吸納籌碼時，為避免投資人跟轎，往往透過技術指標「騙線」，如前面所言，以突然莫名其妙大跌的「甩轎」手法，讓跟轎的投資人失去持股信心，紛紛賣出，以壓低吸納籌碼的持股成本。開啟大漲模式後，若非與主要股東事先已有「默契」暫不釋出籌碼，就是散布利多讓主要股東捨不得賣出。

4. 大跌時也無法測底

妖股在出貨期間，任何技術指標如黃金切割率、波浪理論、費波南係數等，建議的買點全都無效，所謂「萬般拉抬只為出」就是這個道理。就算股價已從高點腰斬，也不會是底部，因為主力仍未出貨完。近年來由於資金成本較低，主力有可能拉抬一波後，等第二波下跌才開始出貨，甚至用未來幾年平坦的走勢慢慢消化賣壓。

5. 被包裝成某種概念股

主力拉抬的股票，背後通常都是有題材可以發揮的，也就是說可能有小道消息或是一些風聲，讓主力塑造某公司美好的前景，吸引散戶進場，進而拉抬了股價。因此幾乎都是新題材、新概念或是撼動全球的大事件才能成就妖股。而在成妖期間或許沒有像樣的業績，或許是難以按常理估值，有時根本找不出上漲的理由，僅憑新穎的概念與

未來業務大好或獨門的技術，挑動投資人的心，甚至催眠到連公司經營者、主要大股東都深信不已。

4 招教你安全操作妖股

主力不是傻瓜，選擇一檔要拉抬的股票，不會毫無道理，總有業績轉虧為盈的可能，總有題材實現的機會。由於妖股在起漲期間毫無道理，估值也無法計算，然而在拉抬的過程中，也許業績真有改善，炒作的題材也順乎投資趨勢，在外資、投信等專業投資機構的研究單位，對整體產業結構有進一步了解後，共同加入買進，於是妖股就會變成飆股。雖然不建議投資人買妖股，但因為妖股年年有，且可遇不可求，投資人受不了誘惑也屬正常，只是當投資者決定買進之前，有以下幾點建議做為參考：

1. 一有「風聲」最好就先買進

長年沉浸在股市中，你一定多多少少會聽到哪些股票可以買，哪些股票會大漲，當你聽到這消息時，由於無法判斷你聽到的究竟是第幾手轉傳，或者目前主力是在吸籌碼階段、拉抬階段或是出貨階段，所以只要一聽說消息，就先以部分資金分批買進，不要等股價上漲驗證消息後再買，因為妖股瞬間就會連續上漲。

一旦發現原來只是「一場誤會」，當下就應該立即砍股出場，以確保資金不套牢。以筆者常年接觸過「主力作手」或「操盤手」的經

驗，在訊息尚未明朗前，即採用這類具投機性質的策略。然而，既然是投機，前提必然是承擔極高的風險。

2. 別把技術分析當聖經

大家必須先有最基本的認知，那群專門在炒作妖股的所謂「市場主力」，對於任何技術分析都學得十分透徹。在開始拉抬前，必須透過每一次的買賣，壓低籌碼吸納成本；當 K 線型態脫離底部、所有均線趨勢向上時，往往是主力結束炒作，準備全面出貨之時。換句話說，他們往往是利用技術分析的買點出貨，再利用技術指標的賣點進貨。

3. 有賺要追，賠錢要賣

妖股通常會漲一、兩倍以上，你的第一筆投入資金有獲利後，不是獲利了結，而是應該加碼再追，就跟賭場一樣，莊家連續開出幾把後，後面還是會繼續開出莊家。不過一旦整體部位賠錢後，一定要停損賣出，不然後面的連續下跌，一般口袋不深的散戶是無法承受的。

4. 清空持股後不要再追

由於投資人常常會延續過去的投資經驗，做為未來持續投資的判斷，而且投入的資金會越來越多。然而市場永遠瞬息萬變，當股價不斷飆漲，吸引散戶瘋狂追價，投入資金若不嚴加控管，一旦操作失

誤，很可能就是損失最大的那一次，而虧損往往遠超過之前幾次獲利的總和。

經營不善的地雷股

買到地雷股是投資人的椎心之痛，尤其是買進後充滿著期待，公司前景也一片看好，無奈發生虛增營收、隱藏損失、財報作假、過度借貸擔保、掏空公司資產等劣行，等到東窗事發，股價瞬間下跌，投資人躲避不及，最終深度套牢。本書整理出幾種地雷股（如 P.104 表 3-1-1）可能的樣貌，即使具備這些樣貌並不一定就是地雷股，但畢竟市場上有上千檔股票可供選擇，能事先避開潛在的地雷股總是好的。

產生地雷股最主要原因是造假與掏空資產，不論是一開始就抱持詐欺的目的上市上櫃，還是因為經營不善不得不隱藏虧損，又或是利用權勢掏空資產，在公司治理指標與財務報表警訊下，都有機會看到一些蛛絲馬跡。

公司治理地雷指標

1. 董監或大股東持股比例持續下降

當大股東對公司成長深具信心，為了享有公司未來盈餘與股價的上漲，大股東不可能讓持股比率下降太多，因此當大股東持股比例持續下降，是個警訊。

2. 董事會權力內捲化後又拼命出脫持股

以知名的博達案為例，上市期間的董事會，葉素菲為董事長兼總經理，其弟為副董事長，另外 2 位副總經理與管理處協理分別在 9 席董事會中占了 5 席，超過半數。2001 年 4 月改選董事會時，董事會席位縮為 7 席，董事會家族與內部化程度超過 7 成。

博達上市時，第二大股東持股比率還有約 13％，到了 2001 年 3 月剩下 6.4％，之後幾乎出售殆盡。另外，上市時還有一名董事在 2000 年 6 月到 2001 年 4 月，總共申報轉讓股權達 423 萬股；另一名董事在上市時持股比率還有 6.6％，但在 2002 年董事會改選前出脫持股，退出董事會。

3. 董事、監察人、財務等主管有多人辭職與更換會計師

當上市櫃公司的監察人、董事有陸續辭職或解任的情形，是地雷股的警訊之一。另外，經常更換會計師可能代表主要控制股東對會計師所簽的報表不滿意，或者是會計師不願續接這個客戶。無論如何，這對財務報表的透明度是負面的訊號，此時不妨查查新任的會計師過去簽證過哪些公司，若是一些爭議性的公司，投資人要更加小心。

公司的高階財務主管是最了解公司內部狀況的人，一旦發生財務主管無預警離職、多人離職或連續更換財務人員，則公司內部通常有重大事情發生。

4. 利用子公司作帳或存在許多重大且異常的關係人

過去出現很多問題企業，慣用的手法都是出貨給子公司來認列營收與獲利，若子公司未能將貨品順利銷貨出去，並將現金認列，母公司就會掛上很多應收帳款。此時母公司若未以合併報表認列，這個損益就會列入業外科目，一旦放在業外，就很難了解真實情況。

將資金貸予關係企業、替關係企業背書保證、關係人銷貨很多且產生許多應收帳款、與關係人有不動產與證券交易，這些手段可能是管理當局虛增盈餘與資產，美化財務報表的伎倆。

 小辭典

博達案

博達科技成立於 1991 年，創辦人為葉素菲，1997 年對外宣布開發出台灣第一片砷化鎵微波元件外延片，1999 年順利以 85.5 元上市，股價一度攻上 368 元，登上股王寶座。2002 年，葉素菲又對外宣稱博達開發出雷射二極體磊晶片，並獲日本 DVD 讀取頭大廠訂單；但博達另一方面不斷透過財務操作美化財報與籌措資金，2003 年 10 月發行海外可轉債 5,000 萬美元，同時在英屬維京群島設立兩家人頭公司，透過這兩家公司跟羅伯銀行及菲律賓首都銀行借款，虛列為博達帳上現金。同時還宣布實施庫藏股，趁股價上漲，再利用海外人頭公司將全數海外可轉債轉換為普通股套利。

然而，2004 年 6 月，博達無預警宣告無力償還即將到期的公司債 29.8 億元，向法院聲請重整，博達 2004 年 7 月被迫下市。葉素菲則因詐欺、背信而遭收押，投資人慘遭套牢坑殺。最終，葉素菲總共掏空公司 63 億元資產，被判刑 16 年 8 月。

5. 長期投資占資產比率過高，且設立許多投資公司與複雜海外轉投資公司

當公司業績出現衰退、海外轉投資又開始承認損失之際，控制股東仍決議持續對海外轉投資，就有移轉公司資金與傷害股東權益的嫌疑。再者，投資者要留意公司成立的許多投資公司，特別是設於英屬維京群島與開曼群島等免稅天堂，因為從國內外地雷股案件來看，經常發現透過上述管道移轉資金。

6. 過高的員工分紅配股與認購權憑證

理論上，員工分紅配股應以市價為計算基礎，列入薪資費用。若依照此一作法，博達科技 1999 年有巨額的稅後損失，然而由於我國會計處理是將員工分紅配股當成盈餘分配，而非薪資費用，造成博達科技稅後盈餘有嚴重高估的狀況。

財務報表地雷警訊

1. 主要控制股東與董事會股權質押比率過高

過去的地雷股事件也存在上市櫃公司經營管理當局介入股市的現象，俗稱公司派，他們除了利用上市櫃公司資金成立投資公司，回炒母公司股票之外，還會借錢給這些投資公司或幫這些投資公司提供銀行借款背書保證。同時，為了加大炒作股票的力道，管理當局還會將

他們所持有與控制的股票，向銀行質押借款。當大股東與董監事股票質押比率過高或增加，可能代表大股東與管理當局介入股市程度之深，以及財務周轉急迫，投資者要小心他們可能會掏空公司的營運資金。

2. 虛增盈餘、激進認列營收與假造財報的傾向

利用海外子公司不易查核的特性虛掛盈餘與營收，電腦顯示器大廠中強電子出事前就是如此。中強電子不斷銷貨給子公司，母公司計入營收與盈餘，只是海外子公司並未把款項匯回母公司，於是母公司財報資料一方面認列了銷售利潤，一方面應收帳款也同步增加。會計師礙於海外查帳困難，頂多在財務報表出具保留意見，因為數字是公司給的，愛怎麼說就怎麼說。等到母公司資金壓力增加，子公司遲遲無法將帳款匯回，事件爆發，外界才知道整個集團手頭沒多少現金。

3. 留意生產基地在境外的公司

像康友案[1]純粹從公司財報看不出端倪，但它連帳上現金也是假的，所以投資人對於名字有「KY」的公司最好多加留神。像是前些年，台灣多了一批從中國福建晉江來台掛牌的 KY 公司，這些公司後來頻頻出事，很多在台第一上市或第二上市的公司，後來都不了了

---

1 2015 年 3 月 25 日回台第一上市掛牌的康友-KY（6452），以連年獲利高成長的表現，股價在 2018 年 10 月 19 日衝上 538 元歷史新高，成為當時生技股股王、台股股后；但 2020 年 8 月 6 日，竟因財報疑似造假，被證交所處以停止交易，在 8 月 17 日最後一個交易日，股價跌到了 56.6 元，不少買在歷史高點的投資人，慘賠 9 成之多。

之。這也是避開地雷的第三道法眼，對境外來台掛牌公司，一定要「嚴審」。

4. 股價跌破淨值、跌破可轉債轉換價的股票

可轉換公司債（Convertible Bond, CB，簡稱「可轉債」）是債券的一種，投資人在持有期間可收到利息，並享有一定期間以特定價格轉換股票的權利。也就是說其價值隱含利息收入與選擇權價值，倘若可轉換債跌破了可轉換價，同時該公司股價也跌破淨值，意味著公司內部人連想套利的動機都沒有，對這種疑似地雷股，必須多小心。

5. 過度利用金融工具籌資與擴張

打從上市櫃的第一天起，就準備利用金融工具在市場上撈錢的公司，也可能是未爆地雷。例如爆發於 2016 年的樂陞案，就是公司經營者迷失在資本市場金錢遊戲中，只思考如何膨脹公司市值，對於實質金流的創造完全忽略。研究機構對於該公司的評估報告付之闕如，除了定期公布財報，其他訊息均不透明，公司無法對財報數字做進一步的解釋。

而董監持股比重偏低、大股東質押高達 8 成、子公司眾多、經常從事本業或非本業的購併、年年辦理私募或可轉換公司債，然後辦理上述兩項籌資工具時，往往是洽特定人。最後利用日本「百尺竿頭」公司將高價公開收購樂陞來炒股，騙投資人上車。除了投資人損失慘重，連帶倒楣的是，原本僅擔任委任機構與財務顧問等事務性處理的

中信銀，也被迫要付出 5 億元的道義性補償。

「謹慎能捕千秋蟬，小心駛得萬年船」，有上述的 5 種跡象，不能說一定會成為地雷股，但機率很高。投資市場無法完全避免系統性風險，一旦碰上了，有些投資若沒有使用融資或衍生性商品，也許歷經較長的一段時日，依舊有解套的機會；然而一旦碰上地雷股，除了自認倒楣停損認賠，絕大多數都是血本無歸。

無盡下跌的盤跌股

投資人買到盤跌股，那種進退兩難的心情，時時刻刻在腦中盤旋，或許損失的不多，但每天跌一點點，三不五時來個小反彈，然後又繼續盤跌。這種溫水煮青蛙的情境，讓持有股票的投資人每天面臨該不該賣的抉擇，停損了就代表認列損失，不停損又看著資產在逐漸消失。此時所有技術線型與指標都全部失效，股價沒有最低點，只有更低點。

至於空手的投資人，此時該不該進場摸底呢？市場上常聽到前輩的勸導，下跌的刀子不要接，會讓你損失慘重。另一方面又有人勸你，富貴險中求、別人貪婪時你恐懼，別人恐懼時你貪婪。也有人說，要接下跌的刀子，必須擁有一雙皮手套，而這雙皮手套就是指「了解公司價值」與「分期買進」。不過問題是，你了解的公司價值是對的嗎？公司價值只有你認同是不夠的，必須要市場都認同，才會形成當日股價成交的結果。

　　那麼分期買進又是怎麼分期呢？跟基金一樣每月買一次的定期定額？還是設定每跌 5％買一次？但大部分投資人買不到三次就買不下去了。所以盤跌股背後一定有其盤跌的原因，等到原因見報，股價早已先跌掉 20％，甚至更多。

　　那麼到底該聽誰的，到底該怎麼做？

　　排除撇開妖股與地雷股不講，單純看一檔正常的股票，市場上的各路人馬參與者[2]，對於一檔股票合理的估價都會有自己的看法，一旦出現股價暴跌的情況，不是有某路人馬修正了自己的估價（包括別處有更好的投資機會），就是某路人馬短期內有大量的資金需求，因此一路出脫持股套現。這種暴跌一般都會超跌，因此就有了大跌後搶反彈的機會。運氣好可以買到股價相對低點，但有賺要趕快賣，不然另一路人馬根據新的資訊也修正了估值後，會再殺一波。

　　但若是盤跌股，就不建議摸底了。因為一方面並沒有特定的買家長期在照顧這檔股票，另一方面有利空內線的公司派或是內部人，早就在偷偷出貨。

　　長期觀察這種盤跌股會發現，一般盤跌了一兩月，會出現兩三天的一波小反彈，然後繼續盤跌。而技術線型會出現類 W 底，技術指標則會長期鈍化。以機率而言，在盤跌的一兩個月，能買到反彈波

2　投資股票市場的參與者眾多，各有其投資目的，除了上漲短期投資、下跌長期投資的散戶外，還有紀律搶短的老練投資人、三大法人、壽險公司、專業投資機構、私募基金、公司派與業內等。

的前一天，運氣真的要很好。比較有把握的方法，是長期觀察盤跌股，盤跌到最後，若有現二到三根的長黑 K 棒，那時就會是短線的買點，畢竟股價跌深也是一種利多，市場上不乏搶短的老練投資人，他們時時刻刻在市場內尋找機會。

在這類盤跌股要大幅提高投資勝率，依筆者多年研究結果，可採用前面第 2 章所提到，由本書獨創的「多空趨勢線」以及「多空趨勢指標圖」，如果該股的「多空趨勢指標圖」表現都遜於大盤，就不要去接這把刀子。一旦趨勢指標轉強（由綠翻紅或黃）之後，就可以從容地將這把刀子從地上撿起。因為只有強勢股才會被市場關注，才會吸引各路人馬來研究這家公司的價值，股價才有上漲的機會。

表 3-1-1：地雷股警訊資料哪裡找？

警訊	資料來源
控制股東直接持股比率持續下降或直接持股太低	・股東會年報的董事及監察人資料 ・股東會年報的主要股東名單 ・進入公開資訊觀測站，點選基本資料，再點選電子書，進入公開說明書之後，填入公司代號，點選查詢鍵後，獲得上市時的公開說明書。再以第一章介紹的方法，從主要股東、董事會組成，判斷認定控制股東及其直接持股比率
董事會趨家族化與內部化，控制股東的權力與承諾偏離程度擴大	・年報的董事及監察人資料 ・前項所獲得的控制股東持股比率
大股東、機構投資人持續賣股票	・年報的主要股東名單 ・年報的董事、監察人及大股東股權變動情形
董事、監察人、財務等主管有多人辭職與更換會計師	・公開資訊觀測站點選「常用報表」，進入重大訊息後，點選重大歷史訊息或當日重大訊息，輸入公司代號或簡稱
無效率的轉投資與設立許多投資公司	・年報特別記載事項中關係企業相關資料 ・年報資產負債表與財報附註的長期投資說明 ・年報公司治理報告中公司、公司之董事、監察人、經理人及公司直接或間接控制之事業對同一轉投資事業之持股數，並合併計算綜合持股比例 ・現金流量表
公司存在許多重大且異常的關係人交易	・公開資訊觀測站點選「營運概況」，進入資金貸與及背書保證 ・股東會年報中財報附註之關係人交易說明、重大承諾事項、或有事項、其他揭露事項（包括資金貸與他人、為他人背書保證、期末持有有價證券與其他關係人交易明細）
控制股東與董事會股權質押比率過高	・公開資訊觀測站點選「常用報表」，進入董監事持股餘額明細資料
公司重訊符合經常澄清指標或海外主要子公司、控制股東有債信問題	・公開資訊觀測站點選「常用報表」，進入重大訊息，再點選歷史重大訊息或當日重大訊息，輸入公司代號或簡稱，查詢是否經常澄清媒體報導 ・透過台灣或海外主要子公司所在地的政府官方網站（如法院公告等）或當地搜尋平台，以該子公司名稱或控制股東姓名查詢
激進認列營收：可能有虛增營收、美化財報的嫌疑	・資產負債表 ・綜合損益表 ・現金流量表

資料來源：作者提供

3-2 四要：這四種股票別錯過

投資優質公司的股票具有長期增值機會，透過長期持有，投資者能受益於公司的成長與發展，為投資組合增添穩定且持久的價值，如能以更便宜的價錢入手，潛在價差更大。而好公司通常擁有穩定的財務狀況和持續獲利的能力，因此投資者能享受相對較低的風險；其次，好公司通常有強大的管理團隊和清晰的業務策略，能夠持續創新、適應市場變化，進一步提升其價值。以下盤點 4 種值得投資人關注的股票類型。

主流產業與題材股

從 2000 到 2023 年，23 年來台股也不過出現 3 次堪稱所謂「大多頭」的行情：分別出現在 2006、2013、2020 這 3 年。其他基本上行情多處於整理、盤跌、各類股輪漲及不同投資風格[3]的轉換。長期並持續關心股市的投資人會發現，掌握每個時期的主流類股，往往是成敗的關鍵。常聽到投資人說「賺了指數，賠了差價」，又或者說「今年股市不好做」，這都是未能掌握市場主流的結果。

只是當市場有共識哪一類股是投資主流時，通常都已走到行情末端，率性進場卻未能及時出場者，就算沒有嚴重虧損或套牢，但資金

---

3 投資風格一般指的是大型股、小型股、成長股、價值股、高本益比股、高殖利率股。

的機會成本已被鎖住，喪失了其他的投資機會。

例如 2015 年台股雖屬盤跌的行情，大盤全年下跌約 10％，那年卻是生技類股的多頭年，生技類股受全球生技類股的大多頭影響，表現亮眼，若有機會掌握，確實可避開當年股災。2016 年投資風格轉換，大型權值股大行其道，大盤上漲了 11％，其中 ETF 元大台灣 50（0050）當年上漲了將近 20％，掀起了一股 ETF 投資熱潮，同年的中小型類股卻修正了 2 成以上。

雖然說「千金難買早知道」，但是若能透過第 2 章提到的「產業主流趨勢指標圖」（如圖 3-2-1），仍能提前知道未來的主流產業，事先布局。

圖 3-2-1：金融類股成為 2022 上半年的主流股

												附表一	
產業主流趨勢指標圖													
股票名稱	20220107	20220114	20220121	20220126	20220211	20220218	20220225	20220304	20220311	20220318	20220325	20220401	20220408
金融保險類報酬指數	3	2	2	2	2	3	3	9	7		3	1	1
電子通路類報酬指數	1	1	1	1	1	1	1	1	1	1	1	2	2
網纜類報酬指數	18	16	17	17	15	14	7	3	4	3	2	3	3
航運類報酬指數	17	17	19	19	11	2	2	1	2	8	19	7	4
通信網路業報酬指數	12	12	11	8	12	8	5	4	5	4	4	4	5
台灣中型100指數	11	10	9	10	5	6	8	8	9	9	7	6	6
電子零組件報酬指數	2	7	8	12	10	7	9	10	10	13	6	5	7
小型股300指數	14	14	14	14	14	15	13	12	12	10	9	9	8
資訊服務報酬指數	13	13	12	11	13	16	10	5	3	5	5	10	9
臺灣生技指數	15	18	16	16	17	18	17	14	18	18	16	15	10
電腦及週邊報酬指數	4	9	3	4	3	4	4	7	6	6	8	8	12
觀光類報酬指數	19	19	18	18	18	5	5	6	11	11	17	17	14
台灣50指數	9	5	7	5	7	11	14	15	15	14	12	13	15
電子類報酬指數	6	6	5	6	6	10	15	16	14	15	13	14	16
機電指數	8	6	6	7	9	13	16	17	16	16	14	16	17
半導體報酬指數	5	3	4	3	4	12	18	19	19	19	15	18	18
光電報酬指數	7	11	13	15	19	19	19	18	17	17	18	19	19

資料來源：作者提供

以圖 3-2-1 來看，2022 年以來，由於美國升息與緊縮政策，美國股市修正，台股受其影響，電子類股，尤其是半導體與光電類股，投資人紛紛走避。而此時的金融類股挾帶其高殖利率題材，與升息後利差擴大預期獲利成長，儘管大盤指數維持在 16,500 至 18,500 點間盤整，金融類股依然有不錯的表現。

不過「金融保險類股指數」是落後指標，還能看這個指標追股票嗎？只能說有機會，但不鼓勵繼續追高。不過我們可以從這個角度思考，若能在該類股成為主流前，提前布局，是不是就能提前上車，被法人抬轎了呢？從圖 3-2-2 看來的確如此，若將時間往前追溯一年，就可以觀察到「金融保險類股指數」（紅框處）從原本的非主流類股，逐漸成為主流類股的趨勢。

圖 3-2-2：2021 上半年，金融類股開始走向主流

附表二

股票名稱	20210401	20210408	20210416	20210423	20210429	20210507	20210514	20210521	20210528	20210604	20210611	20210618	20210625
加權報酬指數	10	12	9	8	8	10	10	6	6	6	6	5	5
塑膠化工指數	15	13	4	4	6	5	7	8	9	7	14	10	9
機電指數	7	11	12	14	12	14	15	14	12	11	11	11	12
電子報酬指數	4	10	11	13	11	12	14	13	11	11	10	9	10
航運類報酬指數	1	1	1	1	1	1	1	1	1	1	1	1	1
觀光類報酬指數	14	15	14	9	14	16	19	19	19	18	18	17	15
金融保險類報酬指數	16	17	16	10	10	6	4	3	4	4	8	8	7
半導體報酬指數	2	7	10	9	9	13	16	12	7	10	6	7	8
電腦及週邊報酬指數	6	8	8	11	15	9	8	7	10	13	16	14	16
光電報酬指數	11	3	3	3	3	4	11	17	16	15	15	15	13
通信網路業報酬指數	19	19	19	18	19	19	13	15	17	17	17	18	18
電子零組件報酬指數	5	9	15	16	13	15	18	16	15	14	9	5	6
電子通路報酬指數	3	4	7	7	7	7	3	4	5	5	4	12	14
資訊服務報酬指數	18	18	18	17	18	17	17	18	18	19	19	19	19
綢緞類報酬指數	13	2	2	2	2	2	2	2	2	2	2	2	2
臺灣生技指數	17	16	17	19	17	18	6	10	12	16	12	16	17
台灣50指數	9	14	13	15	16	11	12	9	8	9	13	13	11
台灣中型100指數	8	5	5	5	4	3	5	5	3	3	3	3	3
小型股300指數	12	6	6	6	5	8	9	11	13	8	7	4	4

資料來源：作者提供

　　其實金融類股早在 2021 年 4～5 月時，當市場還沉醉在貨櫃三雄能不能追時，金融股已逐漸由非主流類股轉換為主流類股，市場的聰明錢已經開始布局下一個主流股。若當時能預先布局投資金融股，一年後的 2022 年 4 月，儘管大盤仍在盤整，金融股指數已上漲 38％（如圖 3-2-3），隨時可以落袋為安。

圖 3-2-3：2021/5~2022/4 金融保險類指數與加權指數比較

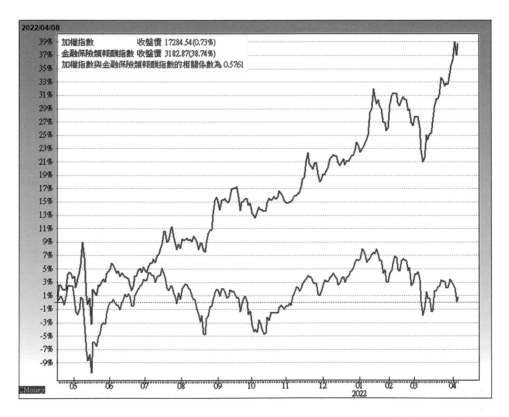

資料來源：作者提供

就算是同一類產業的股票，其個別投資風格也可能不同。因為投資風格是屬產業主流以外另一維度的主流方向，通常可分為成長股、價值股[4]、大型股、中小型股。投資風格的改變，常常也是投資人常陷入的陷阱，明明公司有賺錢、財報也不錯，為何就是不漲。

題材是否夠強，也可用「多空趨勢指標」研判

有題材不一定會起漲，卻是續航的保障。絕大部分的分析師事前都看不出來誰會漲、誰會跌，盤面上每天都有會表現較好的個股，而媒體記者每天盯著分析師問為什麼漲，他們總得給個說法吧，於是開始找理由、想故事，發揮想像力去歸類、分割這些股票。於是相同的話題、相同的題材形成了某種概念，這種概念若獲得市場認同，資金就會匯聚，股價的續航也就得到保證。

概念股沒有嚴格的分類標準，而是市場普遍認可的一種分類方法。這種分類經常與市場熱點相結合，因此根據行業、題材不同，市場上存在著各種概念股，例如金融概念、綠電概念、充電樁概念、生物醫藥概念、電子商務概念、新能源概念和資產重組概念等。

以元宇宙概念為例，你可以將元宇宙想像成虛擬實境，或大型多人線上遊戲，但沒有任何限制。人們可以玩遊戲，也可以交談、購物、散步、聊天、看電影、參加音樂會，做任何在現實生活中可以做

4　價值投資股票指數，詳見台灣指數公司高股息編製規則，主要是以低本益比股票為入選原則。

的事情。最關鍵的是,元宇宙會以各種無法預測的方式與現實世界互動,於是業務與這個題材相關的公司,股價就受惠於這個題材而有所波動。

這種虛幻的概念,在資金充沛的市場仍可以掀起一波浪潮;若資金退潮後,就會看到一群沒穿泳褲的公司。相對的,如果是長期擁有穩定高殖利率的股票,就會穩定上漲一波。

概念股常能引起市場廣泛關注,因此有時會被過度炒作,產生經濟泡沫;等到熱點冷卻、泡沫破滅後,有些股票股價瘋狂下跌,就此一蹶不振。常有人調侃,概念股就是「漲了之後找理由,跌了之後不認帳」的股票。因此,投資者在跟風買入前,應先對其產業背景、主營業務、資金情況和未來前景,進行詳細分析,才能看清本質,規避風險。

若投資人功力不夠深厚、研究資源不足,而無法判斷,可以利用本書獨創的多空趨勢指標,製作「題材類股與大盤多空趨勢指標圖」。若大部分同題材個股表現在加權平均指數之上,就表示題材效應還在,仍有續強的可能;若大部分或甚至所有同題材個股都在加權平均指數之下,就該早早停損,不要存有太多幻想。

價值被低估股

「低估值」指的是低本益比（P/E）與低股價淨值比（P/B）的股票。本益比是用來衡量一家公司是否值得投資的指標之一，本益比越低，越有投資價值；反之，本益比越高，就比較沒有投資價值。還有另一種說法，本益比就是買進股票後，幾年可以回本的數值。

然而並非所有股票都適用低本益比與低股價淨值比評估，例如景氣循環類股、固定收益類股、業務成熟類股，適合低估值的選股法；一些高成長或未來有業務成長爆發可能的股票，則不適合低估值的選股法。

之所以會出現低本益比的股票，無非是大股東有資金需求持續賣股，或因短期利空消息遭投資人錯殺。如果站在長期投資的角度，只要該公司未來獲利持續正常發揮，總有一天能還它公道。

但如何界定什麼是「低」呢？在此指的是「股票價值被低估」，至於低估與否，可以跟同業比，也可以跟自己比。跟同業比，一般是將股票分類並製作比較表，選擇被低估的股票，如下頁圖 3-2-4，即是半導體業的低本益比排行前 10 名。

跟自己比，則須製作「本益比河流圖」，來判斷目前是否為相對低點，以下頁圖 3-2-5 來看，2021 年 1 月台積電股價，已經到達本益比過分高估的警示區了（紅圈處），之後便展開了一波跌勢。

圖 3-2-4：半導體產業類股本益比比較——以 2023/09/26 股價計算

排名	代碼	股票	成交價	每股盈餘EPS			財報三率%			營收成長率%		報酬率%		本益比	股淨比
				近一季	近四季	季成長%	毛利率	營益率	淨利率	月增率	年增率	近四季ROE	近四季ROA		
1	2303	聯電	44.75	1.27	6.32	-3.05	35.97	27.84	28.24	-0.58	-25.22	24.42	14.91	7.33	1.75
2	2338	光罩	66.40	0.49	7.7	-51.49	26.23	9.1	2.4	-6.3	-16.76	34.69	7.43	8.98	2.97
3	2330	台積電	519.00	7.01	37.23	-12.16	54.11	42	37.79	6.23	-13.49	33.64	20.11	14.1	4.27
4	2454	聯發科	737.00	10.07	51.89	-5.36	47.53	15.03	16.32	33.03	-5.46	20.68	12.79	14.61	3.3
5	2449	京元電子	77.10	1.26	4.68	29.9	33.08	21.31	19.51	0.81	-0.44	16.14	7.95	16.55	2.7
6	2441	超豐	56.00	1.05	3.26	66.67	23.08	18.9	16.93	3.6	-2.8	8.93	7.26	17.38	1.6
7	2379	瑞昱	398.00	5.08	20.93	45.14	41.72	7.96	9.92	-1.22	-14.83	24.28	9.02	19.34	5.48
8	2302	麗正	17.50	0.25	0.81	316.67	34.73	12.45	19.31	-7.61	-20.9	7.6	6.33	21.54	1.67
9	2337	旺宏	32.75	0.04	1.53	虧轉盈	28.3	-2.24	0.96	19.23	-30.23	5.59	3.34	22.24	1.27
10	2329	華泰	41.00	0.72	1.86	188	18.53	10.47	12.86	-0.31	15.63	14.05	8.02	22.58	3.08

資料來源：玩股網

圖 3-2-5：台積電（2330）近 10 年本益比河流圖

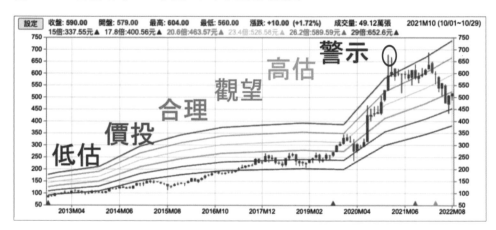

資料來源：台灣股市資訊網

低本益比的幾個盲點

不過，筆者認為，股票是否能進入「持續關注股票池」，低本益比通常不會是考量的重點，因為低本益比有下面幾個盲點：

1. 本益比是過往資料，通常落後一季以上，比較適用於獲利穩定的個股。
2. 高成長股如生技類股、電子類股，容易出現本益比偏高的情況。
3. 虧損的公司不適用本益比評估，因為本益比計算的公式為「股價除以每股盈餘（EPS）」，分母不能為負值。
4. 股價是反映未來，長期低本益比的公司，必然有體質與營運上的相關問題。

因此筆者建議避開高本益比股票即可，也就是只要炒作過熱，與同業比已經偏差過大，與自己比已經在本益比河流圖之上緣時，若以多空趨勢指標進行分析，這檔股票將會被排除在「持續關注股票池」之外。

高成長能續航股

要尋找高成長性的股票，除了從題材、未來前景、擴廠計畫這類較不具體的資訊外，若要具體的財務分析，必然要從營收、盈餘、毛利率、營業費用與市占率的變化著手。

　　由於完整的選股系統，是由「多空趨勢指標差」所形成的「多空趨勢線」，做為是否進行該筆投資最後的把關者，因此設定的高成長條件必須符合下列要項：

1. 營收呈現月成長或年成長
2. 盈餘為正
3. 兩季毛利率至少有一季上揚
4. 營收成長要大於營業費用成長
5. 市占率需不斷擴大

　　至於能否續航，則要靠「多空趨勢指標圖」進行分析，如金融保險類股於 2021 年 4、5 月轉為強勢主流產業，但若能從金控成分類股觀察，富邦金、國泰金、開發金、國票金已經在同年 3 月率先表態，走勢相對強於加權指數（如圖 3-2-6 所標注紅框處）。若你能在 2021 年 3 月買入富邦金、國泰金等，之後你就不會有套牢在電子股，不知該不該停損賣出的窘境。

　　然而股票在起漲後，走勢就分成很多種，有一波到頂的、有盤整後再上漲的、有先破底再穿頭的，各種走勢與個股的題材、利多消息、獲利成長、籌碼穩定、主力換手、外部環境有很大的關聯。主力、外資法人、自營商作手、公司派、市場派作手、投信、投資機構等，都扮演重要角色。散戶在其中是完全的弱勢，唯一的方法就是跟著盤面走，避免被套牢。

圖 3-2-6：金控成分股與大盤多空趨勢指標圖 1

股票代號	股票名稱	20201231	20210108	20210115	20210122	20210129	20210205	20210219	20210226	20210305	20210312	20210319	20210326
TWA00	加權指數	2	2	1	1	1	1	1	1	4	3	3	5
5820	日盛金	1	1	2	3	2	3	2	2	2	5	10	11
2881	富邦金	5	5	5	4	4	4	3	4	3	1	2	2
2885	元大金	3	3	3	2	3	2	4	5	5	6	5	7
2889	國票金	4	4	4	5	5	5	5	2	1	2	1	1
2890	永豐金	9	8	8	7	7	8	6	7	8	9	8	8
2883	開發金	6	7	6	6	6	6	7	6	6	8	4	3
2891	中信金	10	10	9	9	8	7	8	8	9	7	6	6
2882	國泰金	8	6	7	8	9	9	9	9	7	4	7	4
2886	兆豐金	11	11	14	15	13	13	10	11	10	10	9	9
5880	合庫金	12	13	12	12	12	11	11	12	11	13	14	13
2887	台新金	13	12	11	11	10	12	12	13	14	16	16	15
2892	第一金	14	14	13	14	14	14	13	14	13	12	12	12
2880	華南金	16	15	15	13	15	15	14	10	12	15	15	16
2888	新光金	7	9	10	10	11	10	15	16	16	11	11	10
2884	玉山金	15	16	16	16	16	16	16	15	15	15	13	14

資料來源：作者提供

　　於是「成分股與大盤多空趨勢指標圖」則可成為市場上相對弱勢的散戶的重要選股利器。如圖 3-2-6，想像加權指數是一個戰場攻擊的目標，其他金控成分股是灘頭上各方部隊，初期總有幾檔領頭羊攻上灘頭。如 2021 年 3 月初，而那時尚有一半以上的金控成分股還在水面下，若那些領頭羊能續航，必然是有友軍護航，也就是說，若其他金控股不能逐一打敗大盤指數，那麼這幾檔領頭羊，也無法漲太多、太久，隨時都有修正回檔的可能。

　　所幸觀察後續的「成分股與大盤多空趨勢指標圖」（如下頁圖 3-2-7），2021 年 4 月以後一直到同年 7 月底，加權指數逐漸從前 3 名一直退到 15 名（紅框處），奠定了金控股續航的基礎。整個類股靠成分股輪漲，一直強勢到 2022 年 4 月仍未歇，一直比大盤強勢（下頁圖 3-2-8）。

圖 3-2-7：金控成分股與大盤多空趨勢指標圖 2

股票代號	股票名稱	20210401	20210408	20210416	20210423	20210429	20210507	20210514	20210521	20210528	20210604	20210611	20210618	20210625	20210702	20210709	20210716	20210723	20210730
2881	富邦金	2	2	2	3	2	1	1	1	1	1	1	1	1	1	1	1	1	1
2883	開發金	4	6	4	1	1	2	2	2	2	2	2	2	2	2	2	2	2	2
2887	台新金	16	16	16	14	13	9	8	8	11	8	8	8	7	5	5	3	4	3
2882	國泰金	3	4	5	5	5	4	4	3	2	3	3	3	4	4	5	3	3	4
2889	國票金	1	1	1	2	3	3	4	4	4	6	7	8	8	7	6	5	5	5
2885	元大金	6	5	3	4	4	5	5	5	5	4	3	3	3	4	5	7	6	6
2890	永豐金	8	8	7	9	7	6	7	6	6	5	5	5	7	6	7	6	7	7
2891	中信金	7	7	8	9	8	8	9	9	8	10	12	12	10	9	9	9	9	8
2880	華南金	14	15	13	11	16	16	16	16	16	16	16	15	15	16	15	14	12	9
5880	合庫金	12	13	15	15	15	13	13	13	14	14	14	13	13	12	12	11	10	10
2886	兆豐金	9	11	11	10	10	12	11	10	9	11	10	11	10	11	11	10	11	11
2892	第一金	13	12	12	13	12	14	14	14	13	13	13	12	11	13	13	13	13	12
2888	新光金	10	10	9	6	6	6	10	11	7	7	11	9	9	12	10	8	8	13
2884	玉山金	15	14	14	16	14	15	15	15	15	15	16	15	14	15	14	15	15	14
TWA00	加權指數	5	3	6	8	7	10	12	12	12	9	7	6	6	6	8	10	14	15
5820	日盛金	11	9	10	12	11	11	7	6	10	12	9	10	16	14	16	16	16	16

資料來源：作者提供

圖 3-2-8：金控成分股與大盤多空趨勢指標圖 3

股票代號	股票名稱	20220107	20220114	20220121	20220126	20220211	20220218	20220225	20220304	20220311	20220318	20220325	20220401	20220408
2886	兆豐金	10	9	7	6	7	8	8	4	3	3	1	1	1
2884	玉山金	7	10	10	8	10	5	8	8	4	7	5	5	2
5880	合庫金	2	2	2	3	3	2	3	3	2	2	2	3	3
2883	開發金	1	1	1	1	1	1	1	2	5	1	6	6	4
2890	永豐金	3	7	5	4	4	2	4	2	1	1	6	7	3	5
2891	中信金	5	5	3	2	2	3	5	7	8	5	3	4	6
2892	第一金	8	11	8	9	8	7	6	5	6	4	4	7	7
2880	華南金	9	8	9	10	9	9	9	6	7	8	8	8	8
2887	台新金	6	4	4	5	5	10	10	9	11	11	9	9	9
2888	新光金	4	3	6	7	6	6	7	10	14	13	13	10	10
2889	國票金	15	15	15	16	15	16	16	12	12	12	12	11	11
2882	國泰金	11	6	11	11	11	11	11	15	12	10	11	11	13
2885	元大金	14	14	14	14	14	14	15	12	10	9	12	13	13
2881	富邦金	12	12	13	12	13	13	13	16	16	16	16	14	14
5820	日盛金	16	16	16	15	16	15	14	14	9	14	14	15	15
TWA00	加權指數	13	13	12	13	12	12	12	13	13	15	15	16	16

資料來源：作者提供

　　金控股強勢期間各種利多消息不斷，有獲利成長的消息、有資金寬鬆、有金控股之間合併的傳言、有高殖利率的題材、有升息將使利差擴大盈餘成長等。這是為什麼呢？因為媒體永遠在幫忙找股價上漲的理由，而非報導利多後，股價才開始上漲，所以靠新聞利多做投資，將可能永遠是失敗的一群。

因此從新聞利多或利空比對、觀察各個股票股價所呈現出的「多空趨勢指標」以及在這個基礎上，進一步發展出可提供做為投資決策判斷的「多空趨勢線」，就成為投資人絕佳選股利器。在此同時，本書更發展出另一條「主力脈動線」，藉此來決定買賣點，獲利也才能獲得保障，這些內容都將在第 4 章詳述。

至於僅靠著單日的漲跌與利多利空消息來判斷，是否已利多出盡或利空不跌，即使並非完全不可行，但仍有可能進入雷區，因此透過「多空趨勢指標圖」，並觀察其「多空趨勢線」與「主力脈動線」在何時交會，才能大幅提高投資勝率。

財務健全股

一家公司的財務指標可以依照判讀目的分成 4 種：獲利能力、成長性、經營效率、償債能力（下頁表 3-2-1）。只要不是財報瑕疵或造假，基本上不會影響擇股條件，畢竟有了「多空趨勢指標」與「多空趨勢線」在選股上進行最後把關，就不用擔心錯失值得投資的股票。

表：3-2-1：判斷公司財務狀況的 4 大指標

指標	財務比例	公式	說明
獲利能力	毛利率	毛利率＝（銷售收入－銷售成本）／銷售收入×100％	毛利指的是營業收入扣掉營業成本，代表產品成本及收入的關係；換句話說，毛利率就是用來衡量公司的產品價值指標，就能看出品牌價值。
	營業利益率	營業利益率＝營業利益／總營收×100％	營業利益率指的是公司每創造一單位的營收所能產生的獲利，大多企業營業利益率應維持穩定。
	股東權益報酬率	股東權益報酬率（ROE）＝稅後盈餘／股東權益×100％	ROE 代表公司運用自有資本的賺錢的效率，ROE 越高，代表公司為股東賺回的獲利越高。
	每股稅後盈餘	每股盈餘＝本期稅後淨利／普通股在外流通股數×100％	每股盈餘可以快速幫我們了解規模不同公司幫股東賺錢能力的差異，也幫助我們衡量公司獲利與股價之間的關係（如本益比指標）。
成長性	營收成長率	年（月）增率＝【當年（月）營收－去年（上月）營收】÷去年（上月）營收×100％	營收成長率為公司在某段時間內收入成長能力的指標。其中年增率的參考意義比月增率高，因為產業有淡旺季之分，若和上個月、上一季比較，很可能會有誤差；且每月天數不同，會產生誤差。
	營業利益成長率	（當期的營業利益－去年同期的營業利益）／去年同期的營業利益×100％	營業利益率成長率通常會拿來與營收成長率做對照，如果營業利益成長率較低，代表營收雖然增加了，利潤卻沒有跟著成長，可能的原因為營業成本上升，或公司在跟競爭者打價格戰。

指標	財務比例	公式	說明
經營效率	應收款項周轉率	應收帳款周轉率　＝銷貨淨額／平均應收帳款×100％	應收帳款周轉率高：公司對應收帳款的催收效率高，代表公司的優質客戶比例高、還款速度快。應收帳款周轉率低：公司的收款流程不佳、信用政策不好，或者客戶的財務能力和信用度不高。
	應付帳款周轉率	應付帳款周轉率（次）＝銷貨淨額／平均應付帳款×100％	應付帳款周轉率越小，就是付款速度越慢，但也可能是因為與上游廠商議價能力強，才能較晚付款。
	存貨周轉率	存貨周轉率（次／年）＝營業成本／平均存貨×100％	存貨周轉率良好，代表一家公司資金的使用效率好、短期償債能力強。可以用來確認公司的經營效率，並且反映各部門的經營效率。
償債能力	流動比率	流動比率＝流動資產／流動負債×100％	流動比率一般要求在200％以上，越高越好，代表短期在還債上越沒有壓力。
	利息保障倍數	利息保障倍數（TIE）＝稅前息前利潤（EBIT）／利息費用×100％	利息保障倍數最早是用來評估企業的「債券」品質，這項指標的意義是，公司目前獲利能力是利息的幾倍？倍數越高，代表公司長期償債能力越強。
	負債比率	負債比率＝總負債／總資產×100％	理論上，負債比率高，可以提高資產運用的效率，就跟一般人借錢一樣，可以讓自己資金運用靈活，槓桿更大的資產。
	負債權益比	負債權益比＝總負債／股東權益×100％	這個數字越高代表借錢的比率越高，當公司資金來源較依賴負債，相對自有資金也會比較少，因此對債權人而言比較無保障（公司可能會還不出錢）。

資料來源：作者提供

3-3 籌碼分析╳技術指標：搭上主力順風車

　　在財經新聞上經常看到「法人認錯回補」、「這檔主力大戶偷偷布局」等標題，到底他們是誰？對於股市有何影響？本篇將會介紹在股票市場這個舉足輕重、甚至足以影響股票漲跌的重要力量，並詳細說明什麼是籌碼面分析。

　　在股票市場中，「籌碼」就是影響股票漲或跌最直接的力量；而「籌碼分析」主要就是觀察市場上籌碼的分布及流向，以推測股價未來可能發展的方向。由於法人、大戶們資金多，所以影響股價的能力很大，因此許多投資人會選擇跟著他們的腳步，就有機會搭上拉抬股價的順風車。

　　籌碼分析通常會觀察外資、投信、自營商三大法人，是否在近一個月增加某檔股票持股，以及擁有該股千張以上股票的大股東人數近期是否持續增加。

　　在分析這 4 組人馬的籌碼過程中，通常不會有集體增持某檔股票的情形，若真有這種情形，那這檔股票可真的要準備拋給散戶接了。大多數的情況是 1 組人馬增持，3 組人馬減持；3 組人馬增持，1 組人馬減持等。只要有 2 組人馬增持，就表示有特定人士已決定開始布局，此時投資人配合「多空趨勢指標」及「多空趨勢線」找買賣點，通常無往不利。

2 大籌碼分析指標

指標 1：三大法人

　　法人籌碼主要是觀察三大法人的資金動向，分別是外資、投信以及自營商。從法人買賣超資訊可以看出，過去一段時間內，法人對一檔股票買進或賣出數量。由於三大法人的資金充沛，交易金額高，因此當他們大量買進股票時可能是上漲的訊號，賣出時可能是下跌的徵兆。法人的籌碼流向經常牽動投資人對股票的看法，也因為有法人資金的進駐，使得該股票容易在短時間內形成熱門的標的，因此討論的人氣也會大幅提升。

外資：

　　指台灣以外的外國公司、投資機構、基金或投資人，在台灣進行投資都稱為「外資」。資金部位較為龐大，一般會操作股本較大的權值股為主，布局周期通常會是數個月或數年。

投信：

　　國內基金公司的簡稱，主要是向投資大眾募集資金，並透過專業的基金經理人進行投資操作，除了大型權值股，也常著墨中小型類股。通常投信買超或賣超的個股，都會出現連續性的買進或賣出。

自營商：

指證券公司內部的投資部門，操作周期較短，擅長搶進市場熱門標的賺取快錢，以公司自己的資金投資，沒有提供協助客戶操作股票的服務。

目前三大法人每日買賣超的資訊，大多數股票網站都能找得到，下圖以緯創（3231）為例，在玩股網找到的三大法人買賣超。

圖 3-3-1：緯創（3231）三大法人買賣超

日期	法人買賣超(張)					估計持股				持股比重(%)	
	外資		投信	自營商		總合	外資	投信	自營商	總合	外資	三大法人
	不含自營	自營		自行買賣	避險							
2023/09/26	1,550	0	160	-37	50	1,723	1,010,841	392,297	247,844	1,650,982	34.85	56.93
2023/09/25	6,600	0	-1,132	-2	-67	5,399	1,009,291	392,137	247,832	1,649,260	34.8	56.87
2023/09/22	1,407	0	691	-174	155	2,079	1,002,802	393,269	247,900	1,643,971	34.58	56.69
2023/09/21	-452	0	2,208	-1,084	49	721	1,001,815	392,577	247,920	1,642,312	34.54	56.63
2023/09/20	4,334	0	-1,266	1,479	-1,890	2,657	998,707	390,368	248,955	1,638,030	34.44	56.49
2023/09/19	5,911	0	-4,307	-735	-934	-65	990,719	391,633	249,366	1,631,718	34.16	56.26
2023/09/18	-2,970	0	-187	-412	-466	-4,035	982,552	395,939	251,035	1,629,526	33.88	56.19
2023/09/15	-38,903	0	34,964	-304	-317	-4,560	984,550	396,125	251,915	1,632,590	33.95	56.3
2023/09/14	7,670	0	-392	1,807	897	9,982	1,022,461	361,162	252,536	1,636,159	35.25	56.41
2023/09/13	7,461	0	-6,033	12	-5	1,435	1,015,888	361,554	249,832	1,627,274	35.03	56.11
2023/09/12	12,373	0	-10,143	477	73	2,780	1,006,503	367,586	249,824	1,623,913	34.7	55.99
2023/09/11	20,196	0	-5,579	-4,101	-1,543	8,973	993,556	377,729	249,274	1,620,559	34.26	55.88
2023/09/08	7,388	0	-4,351	-591	-71	2,375	972,697	383,307	254,918	1,610,922	33.54	55.55

資料來源：玩股網

指標 2：千張大戶

千張大戶顧名思義是指擁有一家企業股票數量超過 1,000 張的人，能購買超過 1,000 張股票的投資人，有時就是公司或集團大股東，或純屬市場專業投資人，他們需要擁有雄厚的資金，尤其是高價股，所以人數並不多。而當籌碼流入少數人手中，股價就容易掌握在這些人手上。因此可以思考一下，為什麼會有人願意花這麼多錢買這麼多股票呢？

首先，如上所言，他們有些人可能本身就屬公司派，或多半對該企業的未來十分樂觀，他們多半也事先掌握到一般投資人不知道的內部消息，因此透過觀察千張大戶持股增加或減少，藉此判斷一檔股票近期籌碼的流向。

這項數據指標可以透過「神秘金字塔」這個網站來查詢（如下頁圖 3-3-2 以緯創為例），它每周會更新一次，主要有 3 個觀察重點：

1. 如果是高價股，須觀察 400 張大戶持股比例：變化是否為「連續性」的，如果持股連續好幾周增加，或連續好幾周下降，那參考性會更大。
2. 如果是低價股，須觀察 1,000 張大戶持股比例變化。
3. 總股東人數：在籌碼固定的情況下，總股東人數越來越少，代表籌碼越來越集中。

圖 3-3-2：緯創（3231）籌碼流向

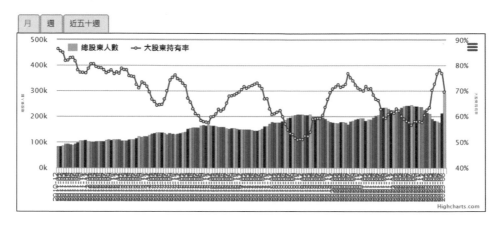

資料日期	集保總張數	總股東人數	平均張數/人	>400張大股東持有張數	>400張大股東持有百分比	>400張大股東人數	400~600張人數	600~800張人數	800~1000張人數	>1000張人數	>1000張大股東持有百分比	收盤價
20230922	2,899,806	305,007	9.51	1,953,135	67.35	517	127	68	42	280	62.28	102.50
20230915	2,899,806	301,671	9.61	1,974,671	68.10	522	126	70	42	284	62.98	104.00
20230908	2,899,806	304,111	9.54	1,967,837	67.86	525	130	70	34	291	62.91	109.00
20230901	2,899,806	290,551	9.98	2,015,602	69.51	532	135	67	38	292	64.41	109.00
20230825	2,899,966	272,743	10.63	2,077,760	71.65	532	131	64	45	292	66.50	111.00
20230818	2,899,966	249,063	11.64	2,139,115	73.76	542	129	64	48	301	68.55	120.50
20230811	2,899,966	234,449	12.37	2,186,055	75.38	543	126	63	50	304	70.20	115.00
20230804	2,899,966	212,969	13.62	2,225,544	76.74	547	129	61	59	298	71.24	114.00

資料來源：神秘金字塔

6 大技術分析指標

在整個選股流程中，也會應用到傳統技術指標，除了利用技術指標判斷目前是多頭還是空頭格局，也會用來判斷買賣點。以下介紹市場投資人最常使用的 6 個技術指標。

1. 移動平均線（MA）

這是最基礎、最普及的技術指標，是指一段時間的平均價格。例如：20 MA，就代表著過去 20 天的平均價格，具有一定的參考性。

2.KD

中文名稱是「隨機震盪指標」，即坊間俗稱的 KD 指標，是由 K 值與 D 值這兩個數值所組成。在看盤軟體上 KD 指標會出現兩條線，藉由兩條線交叉後的相對位置，看出目前股價在相對高檔或相對低檔，通常適用在「區間震盪行情」的操作。

3.RSI

中文名稱是「相對強弱指標」，即 RSI 指標。可藉此指標判斷目前的價格是相對強，還是相對弱，與 KD 指標有一點像。

4.MACD

中文名稱是「平滑異同移動平均線指標」，即 MACD 指標。是

由均線理論延伸而來，結合了均線具有趨勢性的特點，並解決均線頻繁波動的缺陷。最主要的功能是確認股價中長期的波段走勢，用來研判買賣股票的時機。以 MACD 快線減 MACD 慢線獲得柱狀圖，當柱狀圖翻正時，為多頭格局的開始，而柱狀圖翻負時，則為空頭格局的開始。

5. 乖離率

乖離率（Bias Rate）可看出投資人近期的投資報酬率，它把均線代表投資者的平均成本，並用公式算出投資者的平均報酬率，能客觀衡量股票是漲多或是跌深，並找出買賣點。

6. 布林通道

布林通道（Bollinger Bands）操作理念類似箱型操作，不過它是以統計學中標準差的常態分配（一種常見的機率分配）做為基礎的技術指標，可協助投資人利用機率思考做出判斷。

每種技術指標都有適用範圍，有時使用技術指標的效果很差，有時效果尚可，因為每種技術指標都有各自的盲點。但每一種技術指標都有其存在的必要性，在預測趨勢上，也有能力高低和準確程度的區別。

所以在使用上，通常會以一、兩個技術指標為主，其他指標為輔。但是隨著實際的交易效果，這些指標應該不斷變更。至於要使用

哪些技術指標？就由投資人自己決定，因為每個人都有自己的投資分析習慣。筆者之前常使用 MACD 與布林通道來判斷，時常面臨指標鈍化，或不準確的現象，也因此本書研究團隊投入鑽研多年，所獨創研發的「多空趨勢線」與「主力脈動線」，用來決定買進訊號與賣出時機。

　　整個選股流程在三不、四要、籌碼分析以及技術指標分析之後，再配合「多空趨勢指標差」大於零，會產生持續關注「股票池」。這個股票池中會有空頭格局的股票，也會有多頭格局的股票，只要是多頭格局的股票都是值得投資的，只是有些漲幅已大，隨時都有拉回的可能。為了避免買到短期高點，最好選擇股票池中剛翻多的股票，確保投資的股票保持在強勢多頭格局，又可買在相對低檔。

　　至於如何從「多空趨勢指標差」形成選股指標，再進一步判斷股票多空、進行投資決策？將在下一章詳述。

3-4 突破市場的心理誤區

現代投資學有兩大理論基石，除了「資本資產定價模型」（Capital Asset Pricing Model, CAPM），另一項經典即「效率市場假說」（Efficient-Market Hypothesis，即 EMH），這是由美國芝加哥學派經濟學家尤金‧法馬（Eugene Fama）於 1970 年提出，堪稱投資學中最重要的理論之一。效率市場的定義是：如果在一個證券市場中，價格完全反映了所有可以獲得的訊息，那麼就稱這樣的市場為「效率市場」。

然而，如果把法馬的效率市場假說，與真實的股票市場日常運作一一比對，會發現真實市場有太多「不效率」的印證。也就是說，真正的股市交易，其實充滿了效率市場的迷思。

效率市場迷思 vs. 恐慌指數

首先，效率市場前提是，當證券市場中，股票價格完全反映所有可獲得的訊息。然而，不論是國際股市或是台股的日常交易，如果公司每月公布的營收或每季公布的財報獲利符合市場預期，表示這訊息全市場都知道了，營收獲利再好，公布後股價有時不漲反跌；營收獲利再壞，如果市場早已知曉，股價有時不跌反漲。唯有訊息「超乎市場預期」，或完全在投資人意料之外，此時，股價反而波動劇烈，大

漲大跌。

也就是說，從每天股市實際運作觀察，證明其實市場常常處於不效率、不理性的狀態。例如，在效率市場的假說中，股票價格如果完全反映當下已獲得的訊息，通常也就不會有超額利潤；但事實上，媒體常報導華爾街某些投資銀行，或是股神等級的天王天后，從股市大幅獲利，他們大筆的超額利潤又是怎麼來的？

進一步探討，效率市場的迷思無所不在。例如，股市常有許多集團股，不少子公司或孫公司，往往源自同一個企業母集團的資本投資，照理來說，母公司的資本規模遠比子公司大，經營運作比新成立的子公司穩定，但為何母公司的股價常比不上子公司股價來得活潑、漲幅更高？

再者，股價不就代表市場看待這家公司反映出來的價值嗎？照理說，能成為一家上市或上櫃公司，企業營運和獲利的穩定度，都經過證券交易所或證券櫃檯買賣中心審查，公司的資產和營運價值，應該都是穩定的，但為何它們的股價卻波動劇烈，有時可以一夕漲停，隔天又跌停？

恐慌情緒導致不理性交易，市場其實「不效率」

更何況，如果市場是理性、充滿了效率，為何有些股票的本益比竟能飆上百倍，甚至更高？股市常因為泡沫破滅讓投資人血本無歸，

如果市場是效率的，那麼這些股市大泡沫是怎麼產生的？

綜上所述可知，真實的市場其實充滿了不效率，從筆者參與股市多年的經驗中發現，市場產生不效率的重要因素之一，源自於投資參與者的「心理偏誤」。而投資市場是由無數人所共同參與，透過大眾集體「心理偏誤」產生的交易行為，也常為某些善用市場「心理偏誤」的投資者，帶來不少的套利的機會。

投資市場是由大眾在市場進行買或賣的交易行為，既然涉及人的行為，必含有心理認知的層面，一旦遇到任何事前無法預知或不可控的風險，例如 911 恐攻事件、金融海嘯或全球新冠疫情，第一時間就會造成市場集體不理性的恐慌情緒，股票無論好壞一率砍殺。為呈現這種時候大眾集體心理偏誤對股市交易行為產生的影響，美國芝加哥選擇權交易所發展出「VIX 指數」，也就是「恐慌指數」或「恐慌指標」。

VIX 指數當中的 VIX，即是波動率指標「Volatility Index」的縮寫，同時也是這個指數的股票代號。它是了解市場對未來 30 天市場波動性預期的一種衡量方法，也是用來衡量 S&P500 指數選擇權波動率的常用指標。

當市場集體恐慌情緒飆升，不理性的交易行為集體出籠，大量股票遭到無端錯殺，股價暴跌，台股尚有當日漲停幅限制，美股則完全無上限；一旦恐慌指數飆升，股票跌過頭，部分市場老手會運用這種

大眾「心理偏誤」進場買股抄底，等恐慌情緒散去，一切又返回正常市場運作前再賣出，獲取超額利潤。

除了恐慌情緒導致心理偏誤，有機會在短時間從股市「套利」之外，包括上市櫃公司每季或每年的財報，時常充滿各種美化財報的「窗飾」[5]，市場時不時會揣測，這類財報數字有無受到公司經營管理階層操弄，進而影響投資行為。

心理偏誤 vs. 理性投資決策與行為

前面對效率市場迷思和恐慌指數的探討，相信參與股市多年、有相當實戰經驗的投資人，就能清楚了解到，在股票市場交易的當下，理論上應該要秉持理性思考，評估包括產業景氣、基本面、技術面、籌碼面等各種條件，進行理性分析後，再做出買進或賣出行為。但實際經驗卻是，在進行買賣決策的當下，有相當大的成分是來自心理面因素。在投資某些個股前，下功夫做研究的理性投資者不少，但任憑心理偏誤、從親友消息圈獲得片面資訊就買股票的投資人也比比皆是。更重要的是，這種「不理性」對市場的影響力不能小看。

5　《一般公認會計原則》為編製財務報表的依據，但公司在財報編製上仍擁有一定的裁量權，用意是讓公司選擇合理的會計方法或估計值，忠實表述公司的經營績效。若公司濫用此裁量權，透過會計政策的選擇或財報數字的估計，或設計某些交易行為，甚或誤用會計原則、掩飾紀錄或重要資訊、虛列或漏列交易事項、偽造竄改紀錄或扭曲財務報表資訊，致未能忠實表述，即為會計操縱。又依照嚴重程度，可分為財務報表的窗飾（Window Dressing）及財報舞弊（Fraudulent Financial Reporting），因此，進行財報窗飾的公司，若不斷以謊圓謊，終將演變成財報舞弊。

這也是近年來投資學領域，開始有不少人研究起行為財務學，或是往心理學再推進的主要原因。筆者目前從事的證券投資顧問業，每天接受全國各地投資人的諮詢，深刻體認到大多數的投資人，在看待自己手中所持有的股票，對其所屬產業、營運狀況、營收獲利，多從報章雜誌或媒體獲知，便對該個股產生一種含有個人偏好的心理偏誤；而如果這些個股是經友人推薦，這種心理偏誤就更加根深柢固。

一般在投資市場常見的幾種心理偏誤，包括自信偏誤、框架效應、心理帳戶、定錨效應、處置效應以及從眾傾向等，這些心理偏誤，往往主導了人們做出不理性的決策行為，最後導致投資偏誤。

首先界定所謂的「偏誤」，指的是經濟學所說，舉凡不符合理性定義、理性主張的決策或行為，就稱之為偏誤。所謂心理偏誤，指的是因為人們心理的有限性所產生的偏誤，它會進一步影響人們的決策與行為。在股市中，因為心理偏誤所導致的行為偏誤俯拾皆是，絕大多數的散戶，都曾經因此在股市繳出大量的學費，例如：賺錢的股票急著賣出、賠錢的股票長抱不賣、追高殺低、偏好投資「好公司」，認為好公司就等於是「好股票」等。

自信偏誤

指人們對於自己「反應問題的正確性」做出錯誤的評估。它主要分兩種：一是過度自信，另一種是自信不足。這兩種自信偏誤，在股市裡相當常見。在股市，不只是老手，就連初生之犢，當股市大波段

行情來臨時，就時常犯下過度自信的毛病，導致原先的獲利不僅守不住，甚至慘賠；新手則常因為自信不足，錯失投資良機。

近年來因為「航海王」和「AI 股」在股市掀起熱潮，在主升段的過程中，許多股市小白也因為跟上這波順風車大賺一筆。然而，也因為對這些股票未來股價成長過度自信，尤其是航海王的長榮（2603）、陽明（2609），有些甚至還 AII in，導致日後為數不少的「水手們」違約交割，慘賠跳船。

所謂「過度自信造成過度交易」指的是，對於曾為自己創造獲利的股票，從心理面認定未來相同的股票會帶來更高的利潤，而過度自信導致投資失利的機率相當高。而從實際的經驗顯示，投資人常陷在「自信偏誤」難以自拔，很難在股市中做出理性決策，此狀況將在第4 章詳述。

框架效應

指當決策者在面對問題時，常常被心裡既定的框架所導引，也俗稱「盲點」，最後影響自己做出非客觀理性的判斷，進行不理性的投資交易行為。

心理帳戶

指在人的認知系統中，存在著許多不同帳戶，當遇到問題時，常會把某一類問題自動地放在某一特定帳戶中，而每個帳戶都是各自獨

立，各自決策的。它的最大的優點是簡化問題，快速處理，但這同時也是最大的問題。因為決策者允許對不同心理帳戶採取不同的決策，那麼往往陷入「雙重標準」而不自知，因為對待不同心理帳戶採不同決策的標準，有時是「自相矛盾」的，放在投資行為上也是如此。

定錨效應

也是投資者常面臨的誤區。許多人對數字有心理上的恐懼或抗拒，因此常自動去尋找一個量化的參考指標，就像是把這個數字當成「錨」，將決策者的思考給定住了。許多投資人就常被自己最初買進股票的成本數字給「定錨」了，因為買進後股價一直跌，投資人怎麼樣都不願意認賠賣出，除非再度漲回到當時買進股票的價位。

這種定錨效應，在股市實務操作上，其實是相當不理性的行為。尤其當股市主流題材的股票正在轉換時，擁有市場絕對優勢籌碼的主力大戶，早已悄悄將原主流股賣出，把資金轉換到新的主流類股；但一般散戶卻茫然未知，苦守著被定錨住的股票成本，不願換股，最後承受股價不斷破底的後果。

處置效應

指投資人在置處像股票這類風險性資產時，常偏好先賣出賺錢的個股，留下的永遠都是虧損的股票，結果最後投資帳戶裡全都是虧損累累的股票。

從眾傾向

為股市中追「飆股」或追人氣類股族群最常見的現象，指在尋求社會群體認同的壓力下，放棄自己的意見，採取與大多數人一致的策略。在「從眾傾向」發酵的情況下，任何產業景氣分析、基本面的理性數據，都是次要的參考資訊了。

正因為市場充滿不理性的投資行為，筆者致力新創研發簡易入手的選股系統，採用「多空趨勢線」與「主力脈動線」，讓投資者清楚辨認出該檔股票此時處於多方或空方市場；並透過「主力脈動線」，讓投資者了解這些代表市場主流勢力的三大法人或千張大戶，接下來的籌碼動向，幫助投資者不再受限於各種心理偏誤，可以做出最佳的投資決策。

實戰篇 2：「多空趨勢線」vs.「主力脈動線」應用全解析

前言

　　「多空趨勢指標差」是一個選股利器，然而何時該買進、何時該賣出？就必須運用本書獨創的「多空趨勢線」，精確掌握個股股價波動的波峰及谷底，同時輔以另一條反映三大法人及千張大戶等市場主流力量集結而成的「主力脈動線」，以這兩條線的交會，做為決定買進和賣出的時點與價位。不管短線找強勢股、長線找波段股，甚至飆股漲到尾聲，依舊能帶領投資人全身而退。

4-1 找短線買賣點獲利 5 成

　　股市裡有句名言：「新手死於追高，老手死於抄底。」怎麼說呢？因為初入市場的投資新手，面對螢幕上跳動活躍的 K 線，最直觀的感受就是紅漲綠跌的變化，每當看到行情漲起來，就興奮異常，生怕錯過這場「行情」，於是便急急忙忙地買入進場。結果買完沒多久，股價居然漲不動了，甚至反轉向下。

　　以 2021 年台股由「貨櫃三雄」掀起的「大航海王」狂飆行情為例，當時的指標龍頭股是長榮海運（2603），股價從 1 月底的 30 元出頭，到 7 月初的最高點 233 元，不到半年時間，足足漲了 6.5 倍，散戶人人搶當「航海王」。在網路論壇 PTT 上就有一位月薪 3 萬的

小資女小咪（化名）透露，自己在 7 月初跟風進場購買貨櫃三雄長榮（2603）、萬海（2615）及陽明（2609）的股票，沒想到貨櫃三雄 7 月開始出現劇烈回檔，且 8 月財報接連出爐後，股價並未反彈，反倒出現利多不漲狀況，隨後一路慘跌。

短線低買高賣真的不可能？

等於小咪一進場就被套住，不到半年就慘賠快 30 萬元，10 個月的薪水化為烏有。賭性堅強的她看到電子股連漲多日，便將資金轉戰電子股，但同樣在高點進場，可想而知賺錢機率極低。果不其然，她再度賠掉將近 10 萬元。短短 2 個月就輸光一年薪水。

但小咪並不算是最淒慘的，在「航海王」大漲的 2021 到 2022 年，媒體最常報導的就是不斷有所謂「少年股神」當沖「航海王」，但卻翻船違約交割的案例，違約交割金額動輒二、三千萬，而他們的帳戶裡，有人甚至僅有五元而已。究竟是追高卻被炒高的股價狠套，或是慘賠到山窮水盡，只有當事人心裡清楚。

除了追高，另一個散戶投資人常犯的錯誤就是愛「抄底」，尤其是股市老手，因為老手已經經過了股市的大風大浪，見識過了股市的風險有多大，所以改變追高的思維，反過來抄底。個股稍微跌一點，跌到某支撐價位就以為調整結束了，可以 All in 抄底了。卻不知天有不測風雲，抄底抄在半山腰，股價仍然持續破底，這時如果不及時停損，就容易被深度套牢，很難翻身。

尤其投資的個股，還必須關注產業特性和景氣周期的問題。有別於「蘋概股」或 PC 伺服器等電子股，航運股屬「景氣循環股」，產業周期長而且受景氣變動影響劇烈，當貨櫃三雄與散裝貨運股價一路攻高的階段，常被市場戲稱是「20 年不開張，開張吃 20 年。」直到本書截稿，還深深套牢在長榮（2603）、陽明（2609）、萬海（2615）的投資人，大有人在。至於何時能夠解套？應該只能等待下一輪漫長的景氣循環了。

　　又例如 2022 年因美國聯準會（Fed）展開暴力升息，4 月開始，台股震盪劇烈，僅半年時間，指數蒸發超過 5,000 點，讓不少投資人心情如同在洗三溫暖。就有一名網友在 PTT 上發文表示，他投資股市已超過 5 年，由於年初行情不錯有賺到一些錢，他和女友說好 4 月底要將股票全部賣出，接著就是看房、買房、結婚。

　　但因為年初獲利太多，讓他覺得自己是股神，碰到台股 4 月的大修正，有不少檔股票往下殺，殺到大戶成本區以下，所以他就決定進場抄底撿便宜，投入了 500 萬元的資產進股市抄底後，買進的股票不僅未如預期反彈回升，甚至繼續創新低，半年就賠了 180 萬元。買房頭期款幾乎去了一半，買房大計只能被迫延後，他為此還與女友起了不小衝突，差點連婚都結不成。

　　由上面的例子來看，股市大多頭行情突然出現一個新拐點急轉向下，常常讓投資人措手不及。2021 年的「航海王」、2023 年資金

狂追 AI 股，讓眾多「股神」跌落神壇。完全印證靠直覺在股市中追高、摸底絕對是投資大忌，都是讓投資人陷入長期套牢陷阱最根本的原因。

但為何散戶總是學不會教訓，老是要飛蛾撲火呢？說穿了，就是想賺快錢，想靠短線操作快速獲利。雖然常聽到所謂的投資達人說，股票就是要嚴格遵守紀律、長期投資，短線操作賺不了什麼錢；但投資人最難克服的就是人性，看到股市劇烈震盪，市場情緒過度興奮或過於恐慌，就容易追高套牢或砍在「阿呆谷」，這也是為何股市總有 8 成以上的投資人賠錢，而賺錢的贏家不到兩成，最主要的原因。

那麼喜歡操作短線的投資人要如何找到完美切入點，買進不用等太久，股價就突破盤整區，很快就能獲利呢？本書獨創的「多空趨勢線」就可派上用場。本篇將手把手教你，在圖形上找就能到轉強訊號，及時買進，就能有可觀的獲利。操作簡易，而投資勝率卻能大幅提升。

「多空趨勢線」在零軸之上，由下而上穿越「主力脈動線」買進；反之，由上而下跌破即賣出

做法很簡單，首先根據第 2 章探討過的運算公式（詳見 P.60）計算出大盤與個股多空趨勢指標值，並將個股值減去大盤值，得到「多空趨勢指標差」，若以指標差為縱軸，收盤日為橫軸，即可繪出相對

大盤可呈現多空趨勢的「多空趨勢線」。由於該指標線型可提供投資人判斷多空，並進一步做出買賣的投資決策，因此命名為多空趨勢線。

透過個股圖表會清楚看到，當個股的多空趨勢標準差躍升到零軸之上，該檔股票即進入持續觀察的「股票池」；然而，僅符合以上條件，不足以證明該股票已可進入「嚴選股票池」。要進入筆者及研究團隊嚴選股票池，這檔個股必須先滿足以下條件：在技術面部分：成交量能及股票市值達標；ß 值大於 0.81；MACD 為正值；KD 指標的 K 值大於 D 值。在基本面部分，每月營收月增且年增，獲利為正，且毛利率未出現連續下滑等。籌碼面部分，必須要有三大法人或千張大戶買進等。

當以上前提要件全都滿足，而且維持「一段時日」都持續出現在嚴選持股池名單之內，這顯示在市場中主流的力量，包括三大法人及千張以上大戶等各路人馬，對該檔股票都產生「可買進」的市場認同度，這就形成判斷多頭可以買進的訊號；反之，則是趨向空頭應賣出的訊號。在此，我們又可繪出另一條由市場主流力量所匯聚形成的「主力脈動線」。

主力脈動線的畫法是將多空趨勢指標差值計算出均線（如 20 日均線。做法為：累加近 20 日多空趨勢指標差值並除以 20，連續連結每日均值，即可得出多空趨勢指標差值之均線），便可利用差值與均線的交叉決定買賣點。

綜上所述，我們得到以下結論：

1. 當個股的多空趨勢指標差達到零軸之上，表示該股呈現比大盤強勢的多方趨勢，可進入持續觀察股票池；唯有同時滿足基本面、技術面、籌碼面要件後，方可進一步納入嚴選股票池，開始分批布局。

2. 在嚴選股票池內的優質強勢股，當個股的多空趨勢線由下而上突破主力脈動線，為買進訊號；當個股的多空趨勢線由上而下摜破主力脈動線，為賣出訊號。

以下舉創意為例（如圖 4-1-1）。

創意（3443）是台積電旗下IP矽智財公司，股價一度飆漲至最高2,000元以上；然而在2022上半年股價多在364~598元間，若從K線圖看（圖4-1-1），股價一路攀高，多是買點；但若從多空趨勢指標來看，買賣點清楚浮現。

2022 年 10 月 28 日，創意的多空趨勢線由下而上穿越主力脈動線，若此時以 470 元買進，並在 12 月 7 日多空趨勢線摜破後的 742 元賣出，這個波短段可以獲利 58％。嚴格來說，進入2023年，創意的多空趨勢線在零軸之上，且已突破主力脈動線，共有6個波段，但只有2大波段值得把握。

圖 4-1-1：用多空趨勢線與主力脈動線操作短線買賣點——以創意（3443）為例
（2022/11~2023/11）

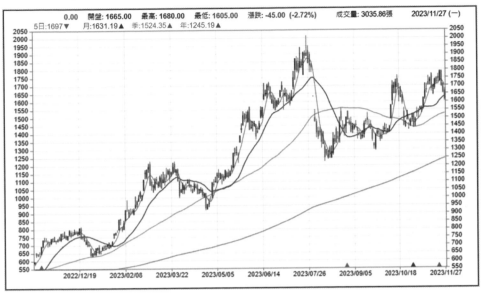

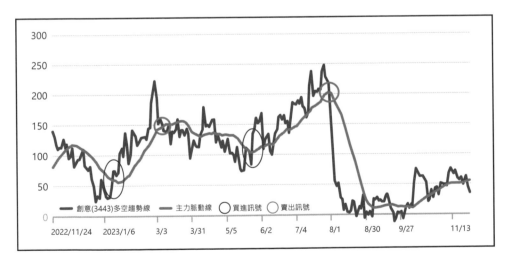

資料來源：台灣股市資訊網、作者提供

　　第一波是 2023 年 1 月 12 日，在多空趨勢線突破主力脈動線的702 元買進，並於 3 月 8 日跌破主力脈動線後的 1,105 元賣出，此波段恰巧也是 58％的獲利。第二波段則是在2023年5月25日，多空趨勢線再次突破主力脈動線的1,390元買進，直到7月27日跌破主力脈動線的1,910元賣出，價差520元，獲利也有37％。當然，若真能有籌碼雄厚的主力大戶神乎其技地操作，真的能賣在最高價2,015元，賺取625元的價差與44.9％的獲利，那絕對稱得上是股市大贏家。

　　讀者可能會好奇，那麼出現在2023年4月12日、9月4日、10月5日、11月8日的短暫行情，是否值得拚搏？答案是，因人而異。創意畢竟是千元以上的高價股，追求高報酬的背後是極高的風險，藝高人膽大的風險愛好者，也許會選擇當沖進出，但對一般散戶來說，風險相對高。

　　從實測經驗來說，儘管任何一項新指標，都無法百分之百保證準確無誤；然而，本書團隊在過去 12 年，操作績效都能打敗大盤，甚至打敗有「國民 ETF」稱號的元大台灣 50 指數（0050）。如此更明顯地看出，若採用多空趨勢線，確實能夠讓投資者大大提高投資勝率，甚至精準地買在起漲點、賣在起跌點。只要每次的投資操作都能大賺小賠，長期來說，投資人的獲利絕對是很可觀的。

4-2 找翻倍上漲的長線布局股

　　股市行情上上下下，漲的時候，投資人總是想著，如果先前有進場大買該多好；跌的時候，又會開始緊張，希望自己早就賣光，最好還反手放空，此乃人之常情。許多投資者不斷打聽，企求找到萬無一失的「獨門秘技」或「操作心法」，從此在股市能夠「買了就漲、賣了就跌」，或「買在最低點、賣在最高點」，一路順風順水，賺到盆滿缽滿。

　　然而，「理想很美感，現實很骨感」，一段時間後發現不只「買低賣高」不容易，還很容易反過來「追高殺低」。所以一些不擅長短線操作的投資人，就希望找到值得長線布局的股票，可是通常事與願違，時常發生買進的股票股價波動不大，又或者僅與大盤漲跌幅相當，看到別檔股票活蹦亂跳，自己的股票卻分毫不動；等到受不了，賣出持有許久持股，去追逐其他強勢股之後，賣出的股票卻開始大漲一倍甚至兩倍。令懊悔不已的投資人紛紛感嘆：股市到底是怎麼回事，這麼難以捉摸？

　　其實股票要飆漲，要嘛有題材，要嘛獲利佳，要嘛有轉機，不過這三者只是必要條件，有心拉抬或炒作的主力大戶們，何時發動才是重點。尤其是這些主力，吸收的籌碼未到一定程度時，通常會打壓股價一陣子，以便多吸收一些未來拉抬換手的籌碼。但打壓的力道不能

太重,避免人氣早已渙散,所謂「人心散了,隊伍不好帶」,就是這個道理。

但要看穿主力吸籌碼手法,談何容易,尤其是在股價爬升的階段,主力既要吸引散戶積極參與,又不能讓散戶獲取太多利益,所以在拉升一段股價後,會想辦法「洗籌碼」,亦即用「甩轎」或摜壓價的手法,把散戶趕跑,形同迫使他們交出手中相對便宜的籌碼,做為下一波拉抬股價的子彈。而散戶通常會被主力的操盤手法所迷惑,太早被騙下車。難道沒有方法可以破解主力預先布下的陷阱嗎?

多空趨勢線每次突破零軸,即可分批布局

其實透過觀察多空趨勢線,便可以看出端倪。以下頁圖 4-2-1 華孚(6235)為例,華孚這檔股票從 2022 年 7 月一直到 2023 年 2 月表現乏善可陳,但其多空趨勢線(藍線),一直在零軸附近徘徊,偶爾大於零,偶爾小於零,直到 2023 年 2 月才開始大漲,足足漲了 2 倍以上。

根據報導,華孚的鎂鋁合金機殼介入新能源汽車市場,難道是這些利多消息造成大漲嗎?非也,其實 2022 年以來,這類消息便不斷傳出,但華孚股價卻遲遲未表態。只能說大戶控盤主力,尚未決定發動契機,因為控盤主力要拉抬一檔股票是有風險的,若是拉抬過程中籌碼凌亂,主力沿路拉,不明籌碼沿路賣,再多的資金也會淹沒在股

海中。所以當控盤主力一旦決定拉抬時，最佳的情況必須是市場認同，各方勢力共襄盛舉。

圖 4-2-1：用多空趨勢線與主力脈動線操作長線買賣點──以華孚（6235）為例（2022/11/24~2023/11/24）

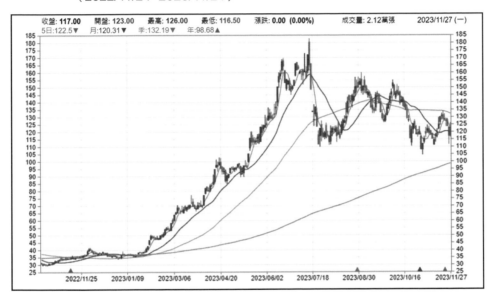

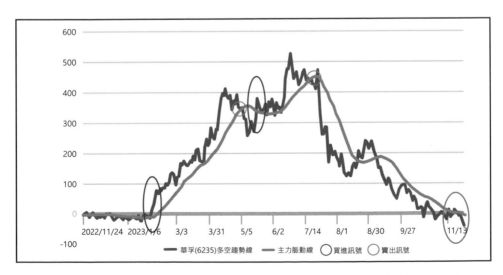

資料來源：台灣股市資訊網、作者提供

為達到這樣的目的，控盤主力必須在股價發動前，維持股價表現與大盤表現相當，有點強又不會太強，以維繫人氣。這樣的行為就反映在多空趨勢線的走勢，它會長時間都在零軸附近徘徊，一旦股價走勢強於大盤，多空趨勢線就會突破零軸，此時主力需要稍做打壓，避免不明就裡的散戶胡亂把股價買上去。

另一方面，一旦股價下跌弱於大盤走勢，多空趨勢線就會跌破零軸，此時主力就必須稍做拉抬，順便吸收籌碼。這樣的動作重複幾次後，便會決定發動起點，再配合其他中實戶消息傳播、投顧老師的喊盤、媒體的利多報導、投信與外資的研究報告，最後是散戶的跟進。控盤主力就能順利將手中低成本的籌碼清空，一次清不完，就會拉抬第二次再出貨一次。

由上頁華孚的多空趨勢線走勢，可以清晰看見主力介入的痕跡。2022 年 10 月前開始介入，利用大盤下跌進行一波打壓，然後就控制股價讓其表現與大盤相當，對應多空趨勢線偶爾突破零軸，偶爾跌破零軸。直到 2023 年 2 月初，多空趨勢線不僅穿越主力脈動線，更突破零軸之上，接下來股價從 37.35 元發動一整波攻擊，直至 5 月初第一次跌破主力脈動線時，華孚股價已翻漲 2.65 倍。5 月中，股價發動第二波攻擊，但這次在 7 月初就正式跌破主力脈動線，時間較短，可是漲幅已來到 4.5 倍達 169.5 元。

雖然華孚最後高點是在 7 月 14 日的 183 元，但早在 10 天前的

7 月 4 日，跌破主力脈動線時，敗象已露。如果適時抽身，不僅保有 4.5 倍獲利，而且還避開 7 月 14 日之後的一路狂跌。因為華孚的多空趨勢線在 2023 年 11 月不僅早已跌穿主力脈動線，更跌至零軸以下，一切回到原點。

從華孚這張多空指標圖看來，對於主力何時潛伏，何時發動第一波、第二波攻擊，甚至最後高歌離席，整個動向一清二楚。

身為散戶的我們並不曉得控盤主力何時要發動，所以只能等待，為達到最大的等待效率，最好的方法就是在適當的時機分批投入。也就是說，如果發現一檔潛力股，它近期的多空趨勢線一直在零軸附近徘徊，就將資金分為 3 到 4 份，只要多空趨勢線突破零軸，就投入一部分，下次轉正，再投入一部分。若是股價率先發動了，便可將剩餘資金全部投入；若是股價遲遲不發動，那就把再把餌分批投入，等待大魚上鉤，直到多空趨勢線由下而上正式突破主力脈動線的那一刻。

當然，一旦多空趨勢線由上而下摜破主力脈動線，顯示市場上的主流力量已經開始出貨，投資者應盡快抽回資金，才能在瞬息萬變的股海裡全身而退。

4-3 主流產業中如何挑選最強勢的個股 ——以台積電與聯電為例

　　主流產業指的是在特定時期或特定經濟環境下，受到廣泛關注、投資和消費的產業。這些產業對國家的國內生產毛額（GDP）、就業和消費等方面有顯著影響。主流產業可能是當時的經濟成長引擎，也可能受到政府政策、科技創新、社會需求等多方面因素的推動。舉例來說，半導體、資訊科技、醫療保健、綠色能源等都可以是主流產業，一切取決於特定時期的政經情勢與變化。

　　而主流股通常指的是在主流產業中占據主導地位，且受到市場普遍關注的上市公司股票。這些公司通常具有龐大的市值、良好的獲利能力、強勁的財務狀況和市場影響力。投資者關注主流股是因為這些公司代表了經濟的主要動力，其業績和股價表現影響整個市場走向。

　　主流股可能屬於不同的產業，取決於時期和市場環境。舉例來說，蘋果、谷歌母公司 Alphabet 和微軟等科技巨頭，在科技產業屬於主流股；同時，可口可樂、百事可樂和 NIKE 等在飲料和消費品產業上，居於主流股的龍頭地位。

　　對投資者來說，了解和追蹤主流產業和主流股的發展趨勢，可以做出更容易獲利的投資決策。

例如台灣半導體產業稱霸全球，半導體類股是台股極重要的成分股，而台積電（2330）與聯電（2303）是台股兩大重要的權值股，市場統稱為「晶圓雙雄」。他們除了是台灣晶圓代工產業的兩大龍頭，長期以來台積電在全球半導體代工領域保持全球第一，聯電也一直維持在前五名之列，若以 2022 年第三季全球晶圓代工產業營收排名，台積電為全球第一、聯電全球第三。

而晶圓雙雄代表的半導體產業，一直穩坐台股的主流產業類股，台積電與聯電更是重中之重。

對於台股而言，晶圓雙雄有多重要呢？以 2023 年 2 月 3 日資料計算，加權指數為 15,602.66 點、台積電股價 542 元、聯電股價 50.1 元，台積電市值占大盤比重排名第一、聯電排名第九。台積電漲跌 1 點將影響大盤漲跌 8.22 點，聯電漲跌 1 點將影響大盤漲跌 4.01 點，可見晶圓雙雄對台股漲跌極具影響力。晶圓雙雄除了直接影響台股大盤的走勢，許多 ETF、基金商品都會將晶圓雙雄納入成分股，因此晶圓雙雄的漲跌將連帶造成眾多金融商品的價格波動。

所以晶圓雙雄的營運狀況不僅影響台灣經濟發展，也牽動台股的走勢，投資人有必要好好認識晶圓雙雄。

1980 年代的晶圓雙雄旗鼓相當

台積電成立於 1987 年，為全球第一家專門從事晶圓代工的公

司，也是全球最大的積體電路製造公司，台積電股票於 1994 年在
證交所掛牌上市，台積電 ADR 於 1997 年在美國紐約證券交易所
（NYSE）掛牌交易。台積電首創專業積體電路製造服務模式，只做
代工生產而不設計、銷售自有品牌產品，產品應用在高效能運算、智
慧型手機、物聯網、車用與消費性電子產品等，目前在先進製程和
先進封裝（CoWos）領先全球，包括美國英特爾（Intel）及南韓三星
（Samsung）都難攖其鋒。

聯電成立於 1980 年，比台積電成立更早，為台灣第一家上市
的半導體公司，曾經是晶圓代工產業的領導者。聯電股票於 1985
年在證交所掛牌上市，聯電 ADR 於 2000 年在美國紐約證券交易所
（NYSE）掛牌交易。聯電發展策略以成熟製程晶圓代工製造為主，
目前在全球成熟製程市占率名列前茅，同時也提供自有產能給轉投資
的晶片設計公司，形成產業垂直整合，產品應用在通訊、電腦、消費
性電子產品等。

事實上，台積電與聯電在甫上市初期，獲利表現與股價原本在伯
仲之間，然而 30 多年後的今日，台積電的市值是聯電的 20 倍、股價
則為聯電的 10 倍。究竟是什麼原因，讓這兩家超大型的晶圓製造公
司有如此不同的發展？

首先，在定位及發展策略上，有著根本上的不同。

台積電成立初期，即首創「專業晶圓製造服務」的模式，也就是

只專注做晶圓代工製造，這與當年全球半導體產業發展的生態迥異。由於半導體向來是高度資本密集的產業，建造一座晶圓廠動輒都是百億美元以上。當時全球半導體產業流行的是所謂 IDM 模式，也就是由上而下垂直整合，從 IC 設計、製造到銷售都一手包辦，包括英特爾（Intel）、三星都採用 IDM 模式。

聯電成立初期即採 IDM 模式經營，台積電新創的「晶圓代工」營運模式，由於設立晶圓廠的門檻很高、IC 設計公司門檻低，晶圓代工領域的競爭者少，且台積電沒有自有品牌商品，與客戶之間的長期合作關係較 IDM 公司更穩定。

台積電專攻先進製程，聯電著重成熟製程

1995 年聯電決定放棄經營自有品牌，走向晶圓代工之路，並將 IC 設計部門獨立，成立聯發科、聯詠、聯陽、智原，形成台股中所謂的「聯家軍」，並以自有晶圓產能供應子公司。1999 年聯電市值為全台第二，僅次於台積電。2000 年後聯電在關鍵技術領域錯失優勢，晶圓雙雄的發展從此出現巨大的分水嶺。

比較晶圓雙雄 2022 年的各項指標可以發現，台積電市占率 56.1％為全球第一，聯電 6.9％為全球第三。台積電的生產製程主要著重於先進製程（7 奈米或以下），聯電則著重於成熟製程（7 奈米或以上）。由於台積電的產品毛利率高於聯電，也因此市場給予台積電股價的本益比較高，約落在 15〜25 倍，聯電本益比則約 10〜20 倍。

聯電是全球成熟製程晶圓代工的龍頭廠商，舉凡各種行動裝置、聯網汽車、工業設備，物聯網（IoT）上的產品，聯電成為其中重要的供應者。而台積電是專注在先進製程晶片及先進封裝（CoWos），全球前十大科技巨頭如蘋果、輝達、高通等，幾乎都是台積電的大客戶，提供的產品服務包括當前全球最熱門的 AI 人工智慧、國防軍事、汽車自動駕駛、旗艦型智慧手機、高效能運算等。

綜上所述，無論從產業成長前景或長期價值型投資而言，投資人30 多年前應該選擇投資台積電。然而，30 年後的 2023 年呢？台積電和聯電哪一檔股票，才是投資勝率更高的標的？

從多空趨勢線看晶圓雙雄投資價值

以先進製程和先進封裝獨步全球的台積電，成長性高、毛利率高，以長期投資價值而言，優勢必然大過於聯電；然而，也因為在三大法人，特別是外資追捧下，如今股價多在 500 元以上，這對眾多上班族或小資族而言，除非零股交易，否則負擔不低。

那麼聯電呢？在成熟製程上，絕對是當今龍頭指標，但它的股價很親民，常在 4、50 元，對廣大小資族而言，幾乎人人負擔得起。然而，如果想要再從相同的主流產業中，找到近期股價表現最強勢的個股，此時「多空趨勢線」立即就可以派上用場。

若從半年或一年鎖定對個股的追蹤，找出它們各自的多空趨勢

線，並且在同一段時期進行比較，就可以看出一些端倪。以下頁圖 4-3-1 為例，統計自 2022 年 7 月至 2023 年 5 月間，我們可以很清楚發現，台積電與聯電這兩檔個股的多空趨勢線，在 2022 年下半年，兩者全都在零軸以下，都不是值得推薦的股票。

不過可以看到聯電的多空趨勢線，偷偷地向上走，一直到 2022 年 10 月初，兩者開始出現分道揚鑣的走勢，到了 11 月才終於傳出，美荷日等國圍堵中國取得關鍵產業尖端技術所使用的晶片，嚴格規範不斷升級，但是比較少注意的是成熟晶片。這些成熟晶片，大量被用在智慧手機、電動汽車以及軍事硬體設備。中國轉以搶攻尚未遭美國禁止的成熟製程晶片，並用以發展電動車，使得成熟製程晶片的需求暴增，聯電為最大受益者，股價也早已比台積電多漲了一段。

而將台積電、聯電的股價（圖 4-3-2），與各自的多空趨勢線對照來看，就可以看得更清楚。2022 年 10 月初台積電股價繼續下跌，聯電反而上漲，配對交易（買進台積電放空聯電）的投資人，紛紛中箭落馬大賠出場。儘管台積電在同年 11 月上旬急起直追，卻無法挽回弱勢，2023 年 2 月再度被聯電拉開距離。

透過這個例子，常糾結在「台積電與聯電該選哪一檔」的投資人，現在應該有方法判斷了，那就是不管何時，只要善用「多空趨勢指標差」以及由該指標進一步擴展出來的「多空趨勢線」觀察，當下就可以確定哪一檔個股的多空趨勢線表現強勢，同時也能掌握該股票未來可能的走勢輪廓。

圖 4-3-1：台積電與聯電多空趨勢比較（2022/7~2023/5）

資料來源：作者提供

圖 4-3-2：台積電與聯電股價（2022/7~2023/5）

資料來源：作者提供

4-4 # 在成分股中挑最強個股
——以 2021 年航海王為例

在股市要提高投資勝率的不二法門，不外乎要掌握產業主流，並從中嚴選優質的強勢股。本書所指的「主流」，涵蓋了產業的主流與投資風格的主流。而個股的強弱勢，則是以個股的漲跌幅，與大盤漲跌幅相較所得，當個股的漲跌幅，在一段期間的加權平均，強過同一段期間大盤漲跌幅的加權平均，代表該檔個股「多空趨勢指標」趨向強勢；反之，倘若弱於大盤漲跌幅的加權平均，代表該檔個股「多空趨勢指標」趨向弱勢。而產業主流與趨勢走強的強勢股，這兩者通常要一起看。

個股股價表現強勢，通常會引起市場的關注與研究，原因可能來自該股自身籌碼的集中度，或公司經營層面臨股權爭奪問題，有時則來自所屬產業擁有利多題材，或是最新公布的財報營收獲利數據亮眼，超乎市場預期。

一旦這些伴隨產業前景新題材，開始受到媒體討論聚焦，不僅該檔個強勢股很快成為人氣指標，就連具有相同產業的同類型股票，也開始出現「比價效應」（指相同產業類型的股票，市場或相關研究報告往往會給予相同的本益比，評估彼此間股價漲跌幅是否合理）。接下來就更會引起全市場包括法人主力與散戶資金一連串的瘋狂追逐，

於是形成資金湧向某些產業主流匯集情況。由於題材新穎，市場往往願意賦予較高評價（或調高本益比），因此估值也隨之墊高。

某一類股的「主流」，往往就是該類股旗下某一兩檔股票的領頭羊，股價先走強一陣子，接下來再帶動其他同產業股票一起走強，而形成一股主流旋風。

貨櫃三雄從一路狂飆到慘烈修正

2020～2021 年，台灣航運股進入大飆特飆的「大航海王時代」，就是典型案例。最初是由貨櫃三雄的長榮海運（2603）領軍，在 2020 年 8 月底已開始轉強，萬海（2615）則在同年 11 月中旬轉強，而陽明海運（2609）也在 12 月中旬跟上。而屬於運送大宗物資及鐵礦砂的散裝航運，如裕民（2606）與新興（2605），則等到 12 月中旬後才開始發動攻擊。

從筆者仔細爬梳這波大航海王多頭行情的結構和順序看來，讀者會發現，若要事先掌握這些飆股的大波段行情，其實從這些產業類股的「多空趨勢指標圖」及其「多空趨勢線」即可發現，早已出現強勁的多方訊號。

前面提過，航運股是景氣循環股，屬傳統產業，向來不是法人資金追捧的產業主流，包括長榮、陽明在內，股價多在十元上下徘徊，鮮少有機會能享有電子股的高本益比。

以元大台灣 50 指數 ETF（0050）成分股為例，其中長榮、陽明與欣興（3037）南電（8046）等電子股相較，在 2020 年 8 月之前，都處在冷門的區塊，多屬存股族的最愛。然而，從該年度 8 月之後，「多空趨勢指標圖」顏色開始由綠轉黃，甚至出現備受法人籌碼關注的熱門紅色（見 P.165）。

貨櫃三雄目標價不斷調高，股價亦創新高

當航運股走勢轉強，此時，市場開始傳出，由於新冠肺炎疫情擴散，造成全球貨櫃運輸主要港口缺人、缺櫃、缺船，上海出口集裝箱指數（SCFI）及散裝貨運參考的波羅的海運價指數（BDI）狂升，造成全球航運運價大漲，掀起航運股一路大幅狂飆。

當利多消息開始從媒體釋出，各種券商針對貨櫃三雄的相關研究報告陸續出爐，某家被市場戲稱是「航運多頭總司令」的自營商，旗下投顧開始發布研究報告，聲稱由於運價飆高，貨櫃三雄接下來整體每股盈餘（EPS）將大幅提升，因而決定大幅調高貨櫃三雄的本益比。原本長榮目標價僅 14.9 元，之後一路不斷調高目標價到 220元，其他包括陽明和萬海，在比價效應下，也不斷調升目標價。

當該券商在出研究報告時，原先市場認為對長榮、陽明、萬海喊出過高目標價，令人難以置信；然而，令法人圈一片譁然的是，這些當初認定不可能達陣的高目標價，不論是長榮、陽明，竟都達標了。有人開路在先，當然就有其他國內外券商不斷發布最新報告，就這

樣，將長榮、陽明、萬海目標價，一路調升至 375、370、426 元的歷史天價。

在這場航運股大戲中，主角是貨櫃三雄，股價從 2020 年 8 月的 11~12 元，一路衝上 2021 年 7 月的最高價：長榮 233 元、陽明 234 元、萬海 353 元。不僅三雄叱吒風雲，就連散裝航運的新興、裕民、四維航也一度大飆。

然而，「樹再高，也無法長上天」，這種不合理的股價，終歸還是要面臨修正的。

本土疫情爆發，創高後劇烈震盪

無論是由三大法大及千張大戶代表的市場主流力量，將航運股一路攻高推進，或是螞蟻雄兵的散戶跟著推波助瀾，漲勢都在 2021 年 7 月達到頂點。

在全民瘋航運的同時，整個台股的成交量能也在航海王的帶領下來到巔峰。在 2021 年初，台股加權指數約在 14,900 點，每日成交量約三千多億，隨後指數一度攻高到 17,700 點，每日五、六千億的成交量，儼然成了台股的日常。直到 2021 年 5 月 12 日，台灣爆出本土新冠疫情導致台股重挫，漲勢才暫時中止，當天台股成交量甚至爆出 7,828 億，創史上最高量。

大漲時來勢洶洶，修正回檔的過程，當然是驚天動地。所幸航運股的確是有基本面支撐，在止跌後進入 3～6 個月的整理，投信機構法人的研究員重新估價後，願意再度進場，開始一波反彈行情。只是這波反彈行情會走多久、走多遠，事後都有各式評論與專家解釋，但事前卻沒有人能預期。

「多空趨勢指標圖」及「多空趨勢線」預告漲跌訊號

然而，透過本書提供的個股「多空趨勢指標圖」，卻有機會讓你跟著市場衝浪，透過個股的「多空趨勢線」有無突破零軸，判斷是否已能夠進行多方操作；同時透過「主力脈動線」，掌握個股三大法人與千張大戶的動向，不僅能與市場主流的力量同步進場，一旦行情反轉，也能避開最高風險，甚至全身而退。

以長榮為例（如下頁圖 4-4-1），常年股價波瀾不興，但在 2020 年 8 月後，K 線圖雖呈現放量上漲趨勢，但畢竟它是景氣循環的傳產股，股價要發動攻勢前，不容易引發市場主力的關注。然而，透過下圖在同一段時期的長榮多空趨勢線（藍線），就能明顯看出，原來長榮多空趨勢已悄悄躍上零軸，正式進入多頭市場。

然而，長榮資本額高達 211 億元，除了三大法人或官股，或是已掌握全球各大港口因疫情缺船缺櫃、運價激漲的第一手情報，且控有資金籌碼的公司派，否則市場上很難預料，原來貨櫃航運股竟藏著即

將暴漲的超大行情。可是如果從長榮的多空趨勢線在 2020 年 8 月 27 日正式由下而上，穿越主力脈動線研判，跟著進場買長榮，就能買在初升段的起漲點。

更重要的是，當長榮的多空趨勢線歷經四個波段大漲後，跌穿「主力脈動線」（橘線），且至此無力再上攻，這條多空趨勢線由上而下，近乎直線下墜的走勢，而且幾乎無法再回到主力脈動線之上；對比 K 線圖也發現，當時股價低檔鈍化，不斷下跌。由此顯示多空趨勢線與主力脈動線幫投資人判斷買點和賣點，相當精準有效，尤其因此避開長榮直線下墜的刀子，對投資人資金的保護，效益很大。

同樣的情況，也在陽明海運這檔個股發生（如圖 4-4-2），由於產業型態和長榮一樣同屬貨櫃運輸，有比價效應，因此不論是股價位階，或是多空趨勢線和主力脈動線的走勢型態，都相當接近。

看「個股多空趨勢指標圖」，轉強買，轉弱賣

長榮在 2021 年 11 月 5 日收盤 114 元，轉為強勢股，在下頁圖 4-4-3 紅框處可發現，顏色由綠轉紅；2022 年 1 月 7 日收盤 140 元，轉為弱勢股。在圖 4-4-4 上紅框處可發現，顏色由紅轉綠；2022 年 2 月 11 日收盤 131 元轉強勢股，直到 4 月 15 日收盤 145 元，仍未轉弱（圖 4-4-4 藍框處）。

圖 4-4-1：長榮（2603）於 2021 年創下歷史新高後開始修正

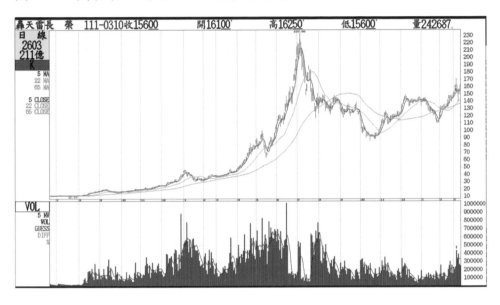

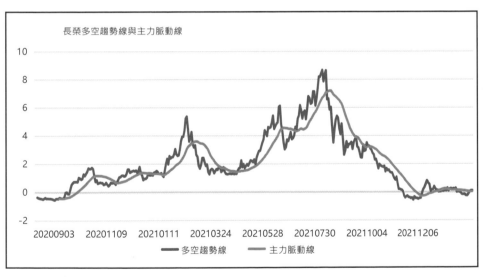

資料來源：轟天雷、作者提供

圖 4-4-2：陽明（2609）於 2021 年創下歷史新高後開始修正

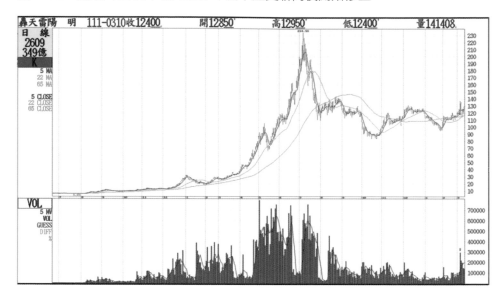

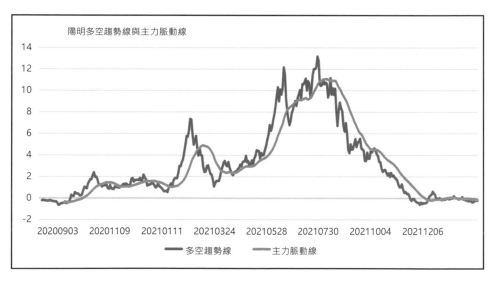

資料來源：轟天雷、作者提供

圖 4-4-3：台灣 50 成分股多空趨勢指標圖 1

股票代號	股票名稱	20211001	20211008	20211015	20211022	20211029	20211105	20211112	20211119	20211126	20211203	20211210	20211217	20211224	20211230
3037	欣興	12	15	11	4	2	1	1	1	1	1	1	1	1	2
8454	富邦媒	2	2	2	1	1	3	4	5	4	4	8	26	32	2
8046	南電	11	8	18	6	3	2	2	3	2	2	2	2	2	3
6415	矽力-KY	7	5	4	2	4	3	3	2	5	8	14	6	5	4
5871	中租-KY	10	9	14	5	5	6	6	12	23	14	13	8	10	5
2615	萬海	1	1	1	7	7	5	5	10	42	43	4	15	29	6
2887	台新金	5	3	3	3	6	7	7	7	7	9	9	11	8	7
2881	富邦金	6	4	5	8	8	16	27	26	24	27	24	27	22	8
2882	國泰金	14	11	10	12	10	11	19	16	17	24	22	24	16	9
5880	合庫金	18	19	12	13	9	10	11	14	8	10	5	5	7	10
2357	華碩	41	32	32	17	14	9	20	33	30	23	26	23	21	11
2880	華南金	15	16	13	16	11	13	16	17	16	20	20	20	20	12
2883	開發金	9	7	7	9	12	17	9	4	3	3	3	3	3	13
2884	玉山金	20	21	19	15	15	15	15	19	10	17	19	16	19	14
2886	兆豐金	24	23	20	18	13	14	18	23	22	25	25	25	26	15
2891	中信金	22	20	16	14	16	21	24	21	13	11	7	9	9	16
2912	統一超	21	14	8	11	17	24	26	32	26	32	35	36	39	17
2207	和泰車	34	30	27	23	18	20	13	11	15	26	32	32	41	18
5876	上海商銀	27	27	22	21	20	19	22	20	25	22	27	22	24	19
2395	研華	30	36	33	36	22	12	10	18	19	19	28	12	14	20
2892	第一金	23	22	21	22	19	23	23	25	21	18	18	18	21	21
2303	聯電	8	13	15	19	23	23	8	8	9	6	21	25	17	22
2603	長榮	4	17	31	44	40	8	12	6	6	7	6	10	26	23
2330	台積電	40	41	34	24	24	25	30	28	35	34	40	35	35	24
2609	陽明	3	10	9	41	41	18	25	15	33	21	25	34	49	25
1301	台塑	13	6	6	10	21	34	33	42	34	38	35	39	43	26
9910	豐泰	31	35	40	29	25	26	21	36	49	50	37	38	25	27
6505	台塑化	36	29	24	20	31	28	34	44	44	48	48	40	50	28
4904	遠傳	29	31	29	32	26	30	32	35	29	31	38	30	34	29
3045	台灣大	25	26	25	27	27	35	43	39	36	36	41	42	38	30
2412	中華電	28	24	28	26	32	27	44	41	28	29	30	47	48	31
2317	鴻海	43	39	37	35	33	27	31	38	45	44	44	47	48	32
twa00	加權指數	38	40	38	33	32	29	28	27	32	33	31	29	31	33
2885	元大金	26	25	26	31	29	36	39	34	37	37	33	33	40	34
2801	彰銀	32	33	30	30	30	33	37	31	31	35	32	31	32	35
1303	南亞	19	12	23	25	35	41	41	45	39	40	43	43	42	36
1101	台泥	17	18	17	34	34	38	42	43	41	46	46	46	45	37
2379	瑞昱	42	42	41	39	38	39	17	13	20	15	23	17	13	38
1326	台化	33	28	35	37	36	45	46	47	43	47	45	45	45	39
2382	廣達	44	43	39	40	37	37	29	24	12	12	11	19	11	40
1216	統一	37	37	36	38	39	42	47	46	41	39	44	44	44	41
2454	聯發科	39	38	43	28	42	31	14	9	11	5	10	13	4	42
3711	日月光投控	35	45	45	45	44	47	38	40	46	39	50	51	51	43
2308	台達電	45	44	44	43	46	40	45	48	48	42	42	41	36	44
2002	中鋼	16	34	41	42	43	48	49	50	47	49	49	37	37	45
1590	亞德客-KY	49	48	48	50	50	43	50	49	50	45	34	40	30	46
2408	南亞科	48	47	46	46	45	49	35	37	18	13	16	21	23	47
3034	聯詠	47	49	50	47	48	46	40	29	27	16	17	7	6	48
2409	友達	46	46	47	48	49	44	36	22	14	28	12	4	12	49
2327	國巨	50	50	49	49	47	50	48	30	38	30	47	49	47	50
3008	大立光	51	51	51	51	51	51	51	51	51	51	51	50	28	51

資料來源：作者提供

4-4 在成分股中挑最強個股——以 2021 年航海王為例

圖 4-4-4：台灣 50 成分股多空趨勢指標圖 2

股票代號	股票名稱	20211230	20220107	20220114	20220121	20220126	20220211	20220218	20220225	20220304	20220311	20220318	20220325	20220401	20220408
3037	欣興	1	1	1	1	2	1	1	1	1	1	2	1	1	1
2886	兆豐金	15	14	10	7	7	11	6	13	6	4	2	2	2	2
2884	玉山金	14	10	11	11	8	12	7	14	19	8	8	6	5	3
5880	合庫金	10	4	3	3	4	4	4	4	9	5	3	3	3	4
2883	開發金	13	2	2	2	1	2	2	2	8	9	1	7	6	5
2891	中信金	16	7	5	4	3	3	5	7	15	19	7	4	4	6
2892	第一金	21	12	13	8	9	9	10	10	14	13	6	5	7	7
2880	華南金	12	13	9	9	10	10	13	16	16	15	9	10	8	8
2801	彰銀	35	17	17	18	14	17	23	24	25	21	13	11	9	9
2609	陽明	25	51	51	50	47	41	36	29	3	16	11	24	11	10
2887	台新金	7	9	4	5	6	6	14	18	29	27	23	14	12	11
4904	遠傳	29	36	33	22	17	20	17	8	5	3	5	8	10	12
2002	中鋼	45	45	37	44	41	30	29	22	21	14	12	9	15	13
5876	上海商銀	19	24	21	21	19	15	22	30	30	35	16	13	14	14
2882	國泰金	9	15	6	12	12	13	20	25	38	32	19	17	16	15
2412	中華電	31	33	28	25	16	21	21	9	17	7	10	12	13	16
2603	長榮	23	38	29	46	45	19	8	3	2	2	21	38	20	17
2885	元大金	34	35	31	32	28	26	31	32	32	25	17	20	17	18
1303	南亞	36	42	38	34	30	29	30	27	28	17	18	18	18	19
8046	南電	3	3	8	16	18	16	6	5	4	30	42	26	21	20
3045	台灣大	30	40	36	31	29	26	23	20	11	22	16	22	21	21
1590	亞德客-KY	46	21	32	28	23	27	15	19	26	31	38	34	26	22
5871	中租-KY	5	5	14	14	15	14	18	26	36	46	35	31	30	23
1101	台泥	37	47	46	41	38	39	35	23	35	23	26	22	22	24
2881	富邦金	8	27	20	30	22	24	28	33	41	39	32	25	25	25
2308	台達電	44	29	40	36	33	43	41	47	45	24	31	21	23	26
2357	華碩	11	22	22	17	20	22	22	11	10	20	19	19	19	27
3711	日月光投控	43	39	34	39	44	47	45	46	47	42	33	33	35	28
twa00	加權指數	33	32	24	29	25	23	27	32	33	34	30	29	29	30
2395	研華	20	16	27	24	27	25	32	43	42	38	39	37	28	30
2382	廣達	40	8	19	6	5	11	12	12	10	4	14	15	32	31
2409	友達	49	18	15	20	31	32	44	20	7	12	15	23	34	32
2317	鴻海	32	43	48	45	43	39	37	39	39	27	27	25	27	33
2207	和泰車	18	37	37	36	36	41	37	43	43	41	37	34	41	34
1216	統一	41	44	42	38	35	36	40	37	37	36	36	39	36	35
1301	台塑	26	46	41	35	24	33	33	28	22	18	24	29	31	36
1326	台化	39	48	44	42	38	40	38	31	29	29	35	38	38	37
9910	豐泰	27	28	23	23	32	34	34	42	46	49	48	48	45	38
2912	統一超	17	41	43	37	37	45	46	44	34	33	40	36	36	39
2330	台積電	24	23	7	15	13	18	26	43	40	36	28	33	40	40
2408	南亞科	47	34	26	27	21	8	3	13	6	20	25	40	41	41
6505	台塑化	28	50	45	43	40	37	35	31	27	22	28	30	40	42
2327	國巨	50	20	25	40	46	35	42	40	40	43	45	43	42	43
3034	聯詠	48	11	16	19	26	44	48	41	18	26	32	42	43	44
2615	萬海	6	49	50	51	50	42	9	11	12	45	49	48	48	45
2303	聯電	22	31	18	13	39	49	50	50	50	48	47	46	44	46
2454	聯發科	42	6	12	10	11	5	16	15	24	41	41	44	46	47
2379	瑞昱	38	26	30	26	36	46	49	49	48	47	46	47	49	48
3008	大立光	51	25	47	47	48	50	43	48	49	44	44	45	47	49
6415	矽力-KY	4	19	49	49	49	48	47	45	44	50	50	50	50	50
8454	富邦媒	2	30	39	49	51	51	51	51	51	51	51	51	51	51

資料來源：作者提供

圖 4-4-3 及圖 4-4-4 是以台灣 50 成分股為基底，搭配綜合指標，如加權指數、台灣 50 指數、中型 100 指數，所製作的「個股強弱趨勢指標圖」，讀者可以同理製作出各種選定群組的指標圖。

再以陽明為例，2021 年 11 月 5 日收盤 106 元轉強勢股，並於 2021 年 12 月 17 日收盤 122 元轉為弱勢股，在圖 4-4-3 藍框處可發現，顏色由紅轉綠；2022 年 2 月 25 日收盤 116 元轉為強勢股，直到 4 月 15 日收盤 125 元，仍未轉弱（圖 4-4-4 黃框處）。如果投資人在每次個股轉為強勢時介入，轉為弱勢時賣出，皆有 10%以上獲利。

很明顯的，多空趨勢指標圖在弱轉強時（綠轉黃或紅），是進場的時點，而在強轉弱時（紅轉黃或綠），是最後停利或停損的時點。只是有個缺點，萬一綠轉黃紅或紅轉黃綠時，有時只是數字運算上的隨機轉強與隨機轉弱（如圖 4-4-4 長榮於 2022 年 3 月 25 日發生的現象），容易造成短線買進賣出，賺賠一場空的情況。為避免隨機轉強與隨機轉弱，筆者將在第 5 章提出解決方法。

一般股票要買在最低檔，不是得靠內線，就是得靠基本面研究透徹的研究報告，而靠「個股多空趨勢指標圖」買不到最低價，也不容易買在底部，不過由於個股短中長期的趨勢已經強勢過大盤，若不是大漲過後股價已反映利多之出貨期，市場自然會繼續去挖掘它的利多，不用考驗持股耐心，比較不怕被主力甩轎。

一旦形成市場公認之主流股後，還能漲多少、漲多久已經無法預測，或許高點過後還有更高點，但總有漲勢結束的一天；若能買在剛成為主流股時，之後只是賺多賺少的問題而已，不用擔心被套牢。

投資最重要的兩道
防線：策略與停損

前言

　　擬定明確的投資策略和設定停損非常重要。投資策略應基於個人目標和市場分析，有助於指導投資方向和分散風險。停損則能有效控制損失，保護資本，降低心理壓力，並避免過度交易。策略與停損這兩道關鍵防線，能提高投資效率，保持自律，並確保長期投資的績效。

5-1 買進持有策略

　　對很多投資者來說，股市中的投資交易，就是很直觀的買與賣而已，頂多再參考一下市場的交易指標，但投資人在每次交易的背後，其實已經有自己預測的交易策略而不自知。為什麼要了解自己的交易策略呢？因為明白自己的交易策略，才有辦法保持交易的一致性跟穩定性，如果交易都只是隨心所欲，那你的交易績效就可能會很不穩定，容易大起大落。

　　那什麼是交易策略呢？當你的交易具有一個可以不斷重複驗證的方法，具有穩定的交易狀態以及一致性，就是你的交易策略。如果可以在交易前就制訂好交易策略，會讓你的每一筆投資交易更加無往不利。透過交易前預先制訂的交易策略，你就可以做好交易規劃，讓你

在交易時不會受到盤面與情緒的干擾，讓你可以不斷地在市場中做出正確並且符合交易邏輯的行動。

通常制訂交易策略的時候都會參考一些技術分析指標，例如均線就是常用的交易策略指標，許多人會設定突破日均線或 20 日均線做多；此外，也有些投資人會利用 KD 指標來當作策略的依據，例如 KD 超過 80 賣出，或是低於 20 買進；也有人把三大法人的籌碼當作交易策略指標。這些交易策略的指標都可以依照個人的交易風格選定，全看你傾向什麼樣的交易邏輯而定。

這裡先談一個最簡單、也是最多人推崇的投資策略：買進持有（Buy and Hold）。股神巴菲特藉由股票投資累積莫大的財富，他就是使用藉由長期買進和持有股票來增加資產的「買進持有策略」。

人人都可 100% 複製的簡單策略

買進持有策略是一種長期投資策略，其核心理念是投資者在買入值得持有的股票或其他資產後，長期持有，不常進行交易，以減少交易成本、稅負和市場波動的影響。以長期持有為主要目標，通常數年甚至更長時間，並希望能安然度過持有過程中的任何起伏，不試圖在價格變動中進行搖擺交易，以享受長期資產增值的好處。

這種策略基於對長期經濟成長和市場長期上升的信仰，認為長期

來看，市場會趨向於上升，並帶來良好的回報。然而多數人卻會因為短期間價格造成的損益，或是聽到前景不好的消息，在損失達到無法忍受時停損出場，錯過了股票長期利得的契機。買入持有策略是所有投資方法中，最簡單也最容易致富的投資策略，這是一種每個人都能100％複製的投資結果，只需要你的耐心即可。

有趣的是，這個最簡單的策略，有很多人用得很好，幫自己的資產帶來長期的成長；也有很多人用得不好、長期套牢，甚至沒兩三下就放棄。

「買進持有」策略的優缺點

買入並持有策略是一種被動投資形式，透過股票買進並持有這些股票數年甚至數十年。該策略的核心思想是安然度過動盪，而不是試圖把握市場低買高賣的時機。因此它的優點是：

1. 不用學習艱澀的技術分析。
2. 管理容易，不用花時間盯盤。
3. 時間夠長的話報酬率相對穩定。
4. 報酬率勝過無紀律的低買高賣。
5. 免除頻繁交易的交易成本。

相對的，它的缺點是

1. 長期持有過程中會經歷市場大漲大跌。
2. 買進時機會影響最終報酬。
3. 初期挑錯股票會造成策略失敗。

相較於「買進持有」策略，另一種是投資者希望能達到的「買低賣高」的波段操作策略。絕大多數的投資人都希望在股市操作，能做到「買低賣高」；然而，市場瞬息萬變，容易形成誤判，造成最終績效不見得能勝過「買進持有」策略，事與願違。

如同第 3 章曾探論過的，許多投資者自身都會有一種「感覺」，認為自己能掌握得到市場或個股的高低點；但實際上，不論是大盤或個股，越短期的高低點越難掌握。如果再把時間拉長來看，所謂的「高點」或「低點」也都是一個相對且模糊的概念，從 K 線當中的日 K、周 K、月 K 到季 K 或年 K，投資人最後會發現，當天各位所交易出來、自己認為已是最低點的價位，都將只是相對而非絕對，因為一段時日之後，就會知道你所交易的價位，原來還有更低點；同理可知，你所認定賣出所謂個股高點的價位，原來有更多人賣在相對更高的價位。

由此可知，判斷錯誤、投入資金比例太少、等待時間太長，都是讓投資報酬率降低的原因。

以多年來被市場奉為圭臬的「價值型投資」為例，如果你學習這類方法，一定會發現，從 2012～2018 這些年的大多頭，真正安全的買點十分稀少；即使有出現買點也只是小幅的回檔，不敢讓手上大筆資金進場，導致大盤指數已上漲一倍，但自己的投資報酬率卻跟大盤差不多，甚至還落後大盤。

當然一定有部分的人用買低賣高策略，創造出了好績效，但更多人使用買低賣高策略後，長期績效並沒有勝過買進持有策略的人，或是花費了大量的時間以後，也只有小勝買進持有的策略。

因此對於什麼都不懂的股市小白來說，筆者還是建議你使用買進持有策略，較能穩定獲利。而這個策略的獲勝關鍵在於，選擇穩定獲利的公司與長期持有股票。以下舉台股指數為例：

在台股經歷網路泡沫的 2000 年中 6 月進場，至今（2023 年 9 月）長期年化報酬 3.09%。

在網路泡沫結束後 2003 年中 6 月進場，至今（2023 年 9 月）年化報酬 5.74%，兩者比較差別不大。

表 5-1-1：2000 年網路泡沫時期買進台股至今年化報酬率

	台股加權指數	年化報酬率
2000 年中	8,265	
2 年後	6,167	-13.62%
5 年後	6,005	-6.19%
10 年後	7,920	-0.43%
15 年後	9,586	0.99%
20 年後	9,708	0.81%
2023 年 9 月	16,644	3.09%

資料來源：作者提供

表 5-1-2：2003 年網路泡沫時期「後」買進台股至今年化報酬率

	台股加權指數	年化報酬率
2003 年中	4,872	
2 年後	5,611	7.32%
5 年後	6,883	7.16%
10 年後	7,225	4.02%
15 年後	9,166	4.30%
20 年後	16,934	5.83%
2023 年 9 月	16,644	5.74%

資料來源：作者提供

讀者可以發現，只要基本面穩定，儘管買在高點，長期下來雖然終極報酬有差，但年化報酬率的差異，變化不大。若是挑到不好的股票，就算給你再長的時間也是白忙一場。

為了解決進場點的問題，這些年開始流行起存股，透過長期間定期定額買股的方式，給一些剛進入股市的小白或小資族，免除選擇進場時點的困擾。然而若沒有挑到長期穩定獲利的股票，20 年後恐怕還是一場空。

什麼該買、什麼別碰？

採用買進持有策略選擇標的，選好股與選長期獲利的股票是重中之重。然而在買進前，又如何知道哪一些公司在 10 年、20 年之後仍然存在，而且公司還能穩定獲利呢？從筆者和研究團隊二十多年的股

市投資經驗看來，公司資本額規模大、在市場上具有產業領導地位的公司，依舊是最禁得起市場考驗的選股標的，例如台積電、國泰金、台塑等，舉凡是國民 ETF 稱號的「元大台灣 50」（0050）的成分股，都是一般投資大眾可以優先考慮的投資標的。

提到價值型投資，大家當然也會關注到成長型投資，上述台灣 50 的成分股，基於產業景氣或營收獲利的成長或衰退，往往既是價值型也是成長型投資的標的。只是其中有不少個股，股價都在好幾百元，屬中大型股，對一般上班族或小資族，比較不好入手；股價親民、資本額不高、產業前景看好，又常有題材見報的中小型成長股，就成了投資人追逐的焦點。

不過切記，這些中小型成長股，或許短期產業前景有時受到媒體大幅報導，公司抓到一波賺錢的機會，讓股價一度大漲；但股價的續航力必須經過仔細審視，否則常常因公司治理、高層決策、組織僵化等問題，造成後期公司經營不善，股價暴跌，股票甚至可能成為淪為壁紙，必須格外小心。

此外，受產業景氣周期、原物料影響較大，獲利不穩定的景氣循環股，以及公司只有單一業務的股票，也不適合長期持有。總之，公司為產業龍頭、經營業務不易被時代淘汰的公司，較適合「買進持有」策略。

由於「買進持有」策略主張持有股票的時間，有時長達 10～20年，人們常說，「十年河東，十年河西」，再怎麼優秀的公司，在面對時代激烈的企業淘汰賽，結局常令人不勝唏噓。例如二十多年前赴中國零售市場打天下的大潤發，曾在中國市場擊敗沃爾瑪與家樂福等競爭同業，年營收一度超過人民幣 1,000 億元，高居零售業龍頭。但在 2017 年 11 月 20 日，阿里巴巴以 28.8 億美元入股在中國控有大潤發最多持股的高鑫零售，正式收購大潤發。多年來在中國零售市場衝鋒陷陣的執行長離職，不得不感嘆「戰勝了所有對手，卻輸給了時代。」

而身在股票市場闖蕩的散戶，最大的優勢之一，就是靈活。身為小股東，身上沒有公司經營者需要扛下的營運責任，只需要密切關注投資標的營運動態和股價表現，透過盤前、盤中和盤後的即時資訊，最後再善用本書獨創的「多空趨勢線」與「主力脈動線」研判，適時進行買進或賣出的靈活決策，就能大大提高投資勝率，累積亮眼的投資報酬率，在股市為自己創造財富。

用「多空趨勢指標」及「多空趨勢線」持續追蹤

為便於讀者了解，以下舉「元大台灣 50」成分股（P.178 表 5-1-3）為例，運用本書獨創的「多空趨勢指標」來檢驗現階段適合買進持有的標的。「多空趨勢指標」是根據半年內個股短中長期報酬率給予加權平均的結果，它反映市場對此檔股票前景的看法。指標差大

於零（紅色區塊），表示市場願意賦予較高的投資評價，表現優於大盤。若指標差小於零（綠色區塊），則表示市場對該股票未來有疑慮，表現劣於大盤。

　　所以買進持有的股票必須在「多空趨勢指標差」大於零的標的中選擇，然後每季或每年觀察一次，倘若是早期選擇買進持有的標的，多空趨勢指標差仍大於零，則可繼續持有；若指標差最近都小於零，那麼就要逐步減碼，並將資金轉向同一時間指標差大於零的其他標的。而且一旦買進持有的標的，被剔除台灣 50 的成分股，就必須果斷全部賣出，如此才能確保獲利，避免跟著大盤指數上下波動後，最後不僅無法保住原有獲利，甚至大賠出場。

表 5-1-3：台灣 50 成分股多空趨勢指標差（2023/10/3~10/13）

代號	名稱	10/3	10/4	10/5	10/6	10/11	10/12	10/13
1101	台泥	-29.44	-26.46	-30.35	-30.71	-32.61	-30.29	-31.49
1216	統一	-8.9	-13.54	-12.41	-13.28	-13.84	-16.61	-19.13
1301	台塑	-22.73	-20.96	-24.22	-24.46	-26.27	-23.8	-24.82
1303	南亞	-27.49	-28.01	-29.36	-26.92	-25.92	-24.29	-29.82
1326	台化	-27.13	-26.58	-25.29	-24.18	-27.04	-24.52	-25.06
1402	遠東新	-17.67	-16.29	-20.95	-19.14	-18.06	-19.87	-18.4
1590	亞德客-KY	-9.42	-7.58	-15.74	-17.09	-9.5	-10.65	7.15
1605	華新	-45.72	-48.2	-43.72	-41.12	-35.93	-37.11	-38.84
2002	中鋼	-41.4	-43.35	-43.95	-43.55	-45.16	-44.63	-45.67
2207	和泰車	-29.95	-32.59	-30.04	-31.56	-21	-27.35	-27.14
2303	聯電	-20.07	-23.57	-21.05	-24.08	-13.52	-15.39	-13.91
2308	台達電	1.05	1.6	1.93	4.54	3.21	-1.57	-10.1
2317	鴻海	-7.69	-5.04	-6.51	-0.16	-0.29	-2.51	0.96
2327	國巨	6.59	12.89	12.34	7.8	4.04	6.14	9.21
2330	台積電	-14.85	-17.38	-15.45	-13.19	-7.8	-6.78	-2.94
2357	華碩	52.03	62.47	68.14	61.37	61.33	62.55	51.12
2379	瑞昱	17.47	18.75	19.51	17	21.19	22.2	26.24
2382	廣達	253.1	250.95	246.29	251.37	214.03	202.87	175.78
2395	研華	-10.14	-7.02	-8.65	-7.14	-11.47	-9.96	-17.75
2408	南亞科	-1.48	2.06	6	1.38	6.08	2.51	1.17
2412	中華電	-2.65	-1.67	-4.56	-7.69	-10.15	-11.6	-12.58
2454	聯發科	25	31.66	29.87	33.32	42.33	38.98	52.81
2603	長榮	35.61	33.94	33.8	29.52	1.88	10.09	12.73
2609	陽明	-13.45	-15.76	-14.24	-13.84	-30.35	-26.57	-25.16
2615	萬海	-50.13	-44.7	-48.52	-47.98	-54.69	-52.5	-55.13
2801	彰銀	-3.38	-1.18	-3.49	-2.35	-4.4	-6.11	-4.59
2880	華南金	-15.6	-14.54	-16.4	-14.62	-13.97	-13.13	-16.63
2881	富邦金	15.17	15.72	16.67	15.39	13.77	11.07	7.4
2882	國泰金	-0.57	1.65	1.42	3.83	4.53	2.52	-0.99

代號	名稱	10/3	10/4	10/5	10/6	10/11	10/12	10/13
2883	開發金	-18.57	-16.66	-19.61	-19.16	-20.48	-20.9	-19.03
2884	玉山金	-10.21	-8.64	-9.94	-9.73	-6.19	-7.03	-8
2885	元大金	19.15	20.45	21.44	22.84	23.47	22.88	20.78
2886	兆豐金	21.46	18.33	21.43	21.33	23.98	23.86	20.25
2887	台新金	10.42	11.71	9.12	9.62	5.19	5.69	3.89
2890	永豐金	10.54	10.32	10.79	16.93	20.77	22.05	22.21
2891	中信金	13.05	11.71	12.6	15.12	15.39	15.76	13.74
2892	第一金	2.35	1.66	0.24	2.34	0.35	-0.5	-3.5
2912	統一超	-10.92	-7.83	-8.74	-11.49	-20.05	-18.83	-16.93
3008	大立光	1.06	-8.72	-10.82	-18.01	-10.19	-13.44	-8.51
3034	聯詠	23.12	22.48	23.02	11.78	5.66	1.81	4.72
3037	欣興	19.75	19.99	13.88	18.44	18.26	13.61	6.16
3045	台灣大	-8.1	-4.09	-4.14	-8.1	-9.61	-10.56	-10.97
3711	日月光投控	-5.44	-2.9	-0.73	-5.25	11.84	10.92	20.4
4904	遠傳	-0.84	0.62	4.24	1.16	-0.1	0.57	-1.62
4938	和碩	20.27	20.31	23.39	19.14	21.06	19.27	13.05
5871	中租-KY	-27.83	-29.65	-31.26	-30.61	-25.56	-26.68	-28.4
5876	上海商銀	-12.97	-10.67	-13.84	-6.47	-5.05	-7.45	-13.15
5880	合庫金	-6.5	-6.31	-7.03	-4.78	-4.94	-5.73	-8.07
6505	台塑化	-17	-16.58	-19.13	-19.33	-13.84	-14.64	-22.49
9910	豐泰	34.39	31.47	30.36	34.17	15.99	8.44	5.58

資料來源：作者提供

5-1
買進持有策略

5-2 再平衡與重新配置策略

很多投資人的共同經驗是，空手見股票大漲想追買，自己持有股票大跌時又砍不下手，於是開始跟自己的投資「搏感情」；但筆者認為必須定期檢視，必要時做些調整，才能因應市場的變化，達到長線賺到大波段的投資目標。

例如在執行買進持有策略的過程中，通常會發現，隨著持有時間增加，表現較好的股票，資產淨值占整體投資組合的部位越來越大，該股票的漲跌影響投資組合的盈虧也越來越大。又或者某些股票表現持續較好，某些股票不漲不跌，甚至持續弱勢；經過一段時間，下跌的個股開始反彈上漲，而之前漲多的個股卻開始回跌。

執行「再平衡」減少受單一股票影響

這時部分投資人便把漲多的股票調節賣出，將賣出的資金反手買進之前不漲或下跌的股票。上述做法可以降低受單一股票漲跌影響的風險，也就是所謂的「再平衡」（rebalance）投資策略。

「再平衡」是指把投資組合重新平衡一次，比如說，原本買進 A、B 兩檔股票，一開始各持有 50％，一段時間之後 A 股票表現較佳，B 股票表現較差，致使 A 股票占資產 60％，而 B 股票占 40％，

於是 A 股票漲跌所帶來的風險將會增加；而 B 股票若開始反彈上漲，整體投資組合受惠於 B 股票上漲的好處就會減少。

如果此時能實施再平衡投資策略，不但可以減少投資組合受個別股票波動的影響，從而降低風險，更能將 A 股票的獲利做部分了結，將資金轉往補漲的 B 股票，以取得較好的操作成績。

換句話說，資產組合「再平衡」的觀念，正是為了解決人性「追高殺低」的弱點，並彰顯投資紀律的一種投資策略。如果以大海中航行為例，過程中有時並不是直接到達目的地，因為中途會遇到惡劣天候而更改航向，當航行過程中過度偏離航道卻不修正，就可能走更遠的路程，造成燃油提前耗盡的問題。因此回歸航道就是再平衡，再平衡就像是「讓偏離航道的投資組合回到原有航道」。

再平衡並不是要極大化報酬，而是從風險控制的角度去管理風險。做了再平衡，整體的投資風險就會降低。風險與收益往往是一體兩面，單一股票的比例越大，若是續漲，預期收益也越高，然而，所承受的風險波動也越大。啟動再平衡策略就能確保投資組合保持在相對有效益的配置，並維持在最適的比例，藉此降低資產波動。

再平衡會賣出比例偏高的股票，附帶的效果就是以較高的價格賣出股票，買進同一時間比例偏低的股票，形同賣高買低的作用。筆者強調這是附帶效果，再平衡主要的功能是控制風險，而不是提升報酬，並不是有做就能提升報酬。

每一季到半年執行一次，是較佳的周期

　　股神巴菲特說：「如果你在小事上缺乏紀律，在大事上也會一樣。」再平衡真的是件小事，你可能會想：「這漲勢應會會繼續吧，居然要中斷這個繼續上漲的氣勢，去買下跌的資產？」如果每次執行這種小事都要掙扎很久，那長期就會因小失大。缺乏紀律，如何勝過市場呢？所以要徹底執行再平衡，就需要機械式、有紀律的操作。

　　那麼多久需要執行再平衡要一次？一般來講，高頻率的再平衡能確保更嚴密地監控投資組合，但伴隨著的是更高的周轉率（turnover）、交易稅。根據台股的特性，股票通常一季到半年走完一個波段，其他時間多數在整理，個股輪漲輪跌也多在一季到半年。因此在空頭輪跌的時期，每季或每半年執行再平衡一次，雖然不能提高報酬，也可以降低資產波動風險。

圖 5-2-1：不預測市場，透過再平衡策略克服恐懼

資料來源：E＊TRADE 資本管理

「重新配置策略」補強再平衡策略

一般再平衡投資策略是用在基金或指數股票型基金（ETF）投資，因為這個策略是假設資產會永續經營，而不會持續盤跌到下市。基金投資有經理人專業操盤，而 ETF 則有重選成分股的機制，所以一旦有個別股票因公司經營出了狀況，自然會被剔除在投資組合之外。所以股票投資若要應用再平衡策略，就必須要有「重新配置策略」來補強。

假設投資人買進 A、B、C 三檔股票，長期持有並每半年執行一次再平衡投資策略，若 C 股票因為公司經營不善，獲利能力衰退，那麼股價必然會長期盤跌。透過每日檢視 C 股票的「多空趨勢指標圖」，投資者就能清楚看出，C 股票在指標圖上色澤不斷由紅轉黃，甚至轉綠的訊號。如果沒有及時將股價表現趨向弱勢的 C 股票剔除在投資組合之外，反而定期再平衡，那麼股價不斷走弱的 C 股票就會長期占有 1/3 的投資部位，長此以往，勢必影響整體投資組合的績效。所以適時重新配置是必要的，把有問題的 C 股票，換成沒有問題的 D 股票。

由於股票在下跌的過程中，投資人常常會陷入究竟是要停損出場，還是逢低承接的困境。在迷惘不知如何決定時，本書獨創的「多空趨勢線」與「主力脈動線」就能有效幫助投資者判斷是否該賣出。如果 C 股票的多空趨勢線不斷向下墜，甚至由上往下攧破其主力脈

183

動線，那麼投資者必須盡速賣出，以免虧損持續擴大，或者侵蝕原本的獲利。

產業或許會有景氣循環，因供需問題、產業升級問題，或許會有一段時間落後市場表現；然而等產業調整期過後，存活下來的企業往往能取得主要市場地位，不論經營獲利都能優於同業表現。所以當我們要將 C 股票換成 D 股票時，要在 C 股票所處的產業尋找 D 股票。

也就是說，將 C 股票所處產業的股票清單列出，並計算這些股票的「多空趨勢指標差」。這個值若能大於零最好，若沒有大於零，這個值也必須大於 C 股票的多空趨勢指標值。由於多空趨勢指標值是短中長期市場賦予該檔股票適應性預期之看法，若是個股多空趨勢指標值長期弱於大盤，背後必有其弱勢的道理，儘管消息面尚未公布，但熟知內情的人早已將資金抽離。投資人切記要在再平衡的時點，同時檢視持有之股票，如果有股票的多空趨勢指標值小於零，一定要調節賣出，替換為相同產業中多空趨勢指標值較大的股票。

此外，當股票在持續下跌探底的過程中，它的多空趨勢指標值也一直維持在零軸之上，但股價下跌已呈現弱勢，已是個不爭的事實。此時，投資人常常會陷入另一個決策的困境：究竟是要停損或停利出場？還是反而該逆向思考，逢低承接？

當投資者處在迷惘不知如何決定時，本書獨創的「多空趨勢線」與「主力脈動線」，就能夠即時有效幫助投資者進行「賣出」或是

「低接」的決策。也就是當 C 股票的多空趨勢線不斷向下墜，甚至由上往下摜破其主力脈動線時，那麼投資者必須盡速賣出，以免虧損持續擴大，或是利潤完全被侵蝕殆盡。

也許讀者仍有疑惑，股市有上千檔個股，股票走勢也是千萬變化，有些股票多空趨勢線由上往下摜破主力脈動線，是否都要賣出？畢竟它們的多空趨勢指標值都還維持在零軸之上；更何況有時多空趨勢線只是一時跌破，不久之後，仍又會再度向上突破，站回主力脈動線之上。

的確，在股市之中，沒有什麼情況是不會發生的。筆者與研究團隊長年在股市中運用多空趨勢線與主力脈動線檢視個股，並提供投資建議的實戰經驗中發現，凡是長期在谷底即將翻揚向上的個股，初期有包含三大法人或千張大戶等市場主流勢力在默默吃貨，因此，當該股多空趨勢指標值躍上零軸，僅能成為「持續觀察股票池」的口袋名單之一。如果能在零軸之上維持一段時日，而且由多空趨勢指標值串連而成的多空趨勢線，由下而上正式急速突破象徵主力即將發動攻擊的主力脈動線後，往往就能為該檔個股帶來一大波段的上漲行情。

以貨櫃三雄之一的萬海（2615）為例（下頁圖 5-2-2），早在 2020 年 8 月初，萬海的多空趨勢線就已由下而上，正式突破主力脈動線；但在當時，萬海的多空趨勢線仍在零軸之下，直到同年 8 月 14 日正式躍上零軸，至此一路拔高。2021 年 7 月 1 日股價衝上歷史

新高 353 元之前，多空趨勢線掉至主力脈動線下僅有 5 次，回檔時間短暫，隨即再衝高，是最典型的強勢股。

透過圖 5-2-2 可明顯看出，萬海的多空趨勢線已在 2021 年 7 月 1 日的前 4 天，即 6 月 28 日見頂，緊接著一路驟降，7 月 5 日更正式跌破主力脈動線。之後多空趨勢線就鮮少有機會再大幅回攻，2021 年 11 月就跌至零軸之下，整個波段行情宣告終結。

從圖形上可明顯看出，萬海的多空趨勢線從 7 月 5 日急速下探時，有相當長的時段，多空趨勢線距零軸還有很大的距離，基本上都還是在多頭市場的格局。然而，當趨勢線已反轉向下，且多在主力脈動線下，顯示萬海這檔當時最猛飆的個股，早已有主力部隊已陸續下車變現了。

果不其然，事後證明，多空趨勢線能精準地掌握法人或市場主力大戶的多空動向，在主力進場準備發動攻擊前，提前卡位，與主力部隊一樣，買在起漲點；一旦主力已開始撤離，就會看到多空趨勢線向下攢破主力脈動線，個股已出現轉折訊號。即使距離零軸還有一大段，但此時就應該盡快賣出。

然而，在此同時，媒體還是一片歌頌航海王營收獲利還會再攀高的歡呼聲，股市欣欣向榮，儘管萬海、長榮和陽明，股價都已飆漲十幾倍，但英勇的散戶竟然還在不斷追高。

圖 5-2-2：萬海（2615）股價與多空趨勢線、主力脈動線對照

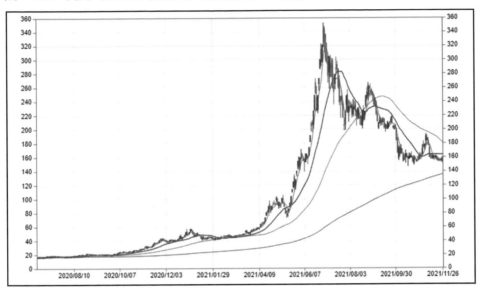

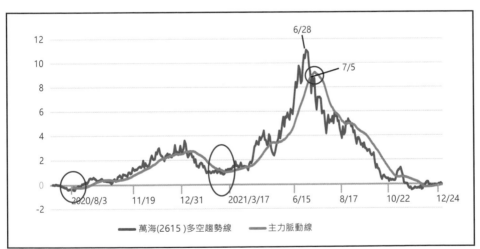

資料來源：台灣股市資訊網、作者提供

5-3 分批進場與分散策略

分批進場是另一種投資策略,其核心理念是分階段進行資產買入,這種策略對投資初學者相當重要。

首先,分批進場有助於降低投資風險。在股票市場或其他金融市場中,價格波動是常態,但預測市場走勢卻非常困難。如果投資者並非將所有資金一次性地投入市場,而是在不同時間、不同價位進行分次投資。如此一來,不僅有助於平均多次進場的價位,更能降低或分攤因為價格波動帶來的損失和風險。即使其中某一次進場的投資不理想,也不致影響整體投資的績效。

其次,分批進場可以減輕投資者的心理壓力。市場經常波動,價格可能會快速上升或下跌,會讓投資者感到不安。如果投資者知道他們沒有將所有資金投入市場,而是有計畫、分階段地進行投資,這樣能讓投資者更加理性地應對市場波動,不會因為短期因市場情緒性恐慌,導致股票價格劇烈變動,讓投資人因而做出不理性的決定。

此外,分批進場也是一種資金管理的方式。投資者可以根據自身的資金規模和風險承受能力,選擇合適的分批進場策略。這樣可以確保資金得到合理分配,不會因一次投資過多而導致風險過大。

最重要的是,在股票市場中沒有人可以永遠「買在最低,賣在最

高」，不必追求絕對完美，只求交易在相對低點與高點，就很足夠了。所以儘管一檔股票已經跌很多了，看起來像底部了，但在信心不穩的投資環境中，還是有再破底的可能。而且每個交易者都有自己的決策，不能保證大家的看法都一致，你認為的低點有可能是別人的停損點。因此就算怎麼看好，或者是自己設定的買進目標價已到，也盡可能不要單筆買進全部押注。

除了避免上述風險，不投入所有資金，保留部分資金在手，一旦股市突然面臨如全球新冠肺炎疫情或俄烏戰爭、以巴衝突等系統性風險，造成恐慌指數（VIX）瞬間飆升、三大法人或主力大戶非理性的過度殺盤，不論是要進場低接還是要加碼，都會很有彈性。不至於發生看好的個股跌到相對的滿足點時，卻因為手中資金全被套牢，以致沒有多餘資金適時進場的窘境。

投資是長長久久的事情，買在最低點或賣在最高點絕對不是常態，除非投資者已深諳本書倡導的「多空趨勢線」及「多空趨勢指標」，能掌握到相對的低谷或波峰，否則所有投資人都有必要好好學習分批進場的技巧。

分批進場的 3 種方法

最常見的分批方法要屬基金投資的「定期定額」，但這種以時間分散的分批方法，是屬於小額及小白投資人所使用的工具，非本章節

的重點。我們將從空間分散的角度，提出分批進場的建議方案。

1. 正金字塔分批進場

金字塔投資法（Pyramid Trading）是一種分批買進／賣出的投資策略，主要是針對投資標的價位的高低，以金字塔型做為買賣策略的依據，調整持有股票的成本及控制股價波動的風險。可分為正金字塔與倒金字塔投資法。

正金字塔分批進場的優點在於，投資者在股票低價時買進的數量較大，而高價時買進的則少，這樣在漲至高檔時已有大部位資金可以獲利，也避免在高檔投入過多資金，導致後進的部位賺得少不說，萬一行情反轉，反而承受更大風險。這種方法比較適合多頭市場追價強勢股，但不適合牛市末期或是高檔盤頭行情。也就是說，分批追價的過程中，不要有早知道多買些的補償心態，然後在越高價時投入的資金越多。

2. 倒金字塔分批進場

倒金字塔型分批進場的優點在於，高價時買的產品數量少，低價時買的數量則多，透過分批買進降低成本，這樣在股價跌過程中可以不斷用更大比例資金追加買入，直至在低點建倉完畢，從而不斷大幅降低成本。一旦市場底部整理完畢，即使稍微一漲，便有很大的獲利空間。這種方法適合產品接近底部時或熊市末期。

圖 5-3-1：正金字塔與倒金字塔投資法

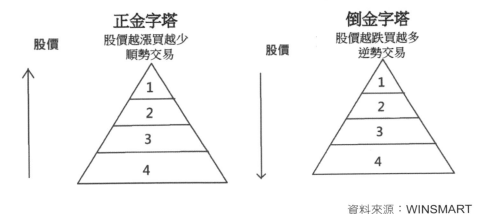

資料來源：WINSMART

3. 平均成本分批買入

平均成本分批買入的優點在於，當產品價格上漲時可以獲得收益，下跌時則可以降低成本。也就是說，無論產品價格漲或跌，都不會給投資者帶來較客觀的收益或造成較嚴重的損失。這種方法比較適合於箱形震盪市場或突發性的利空急跌。

然而分批進場過程中要注意兩個重點：停損點、停利點。

停損點設置是防止判斷失誤或其他意外事件發生。設置停損點，要設定在金字塔底部價位或平均成本價位以下，投資人能承受的虧損的幅度以內。另外，需要配合行情是多頭或空頭，多頭可以適當放大可承受虧損範圍，空頭則必須縮小。

停利點則是落袋為安的保障，防止貪心過頭的利器。建議設定在

最高價一筆的投入成本價位上下約 5%，不要有想賺更多的念頭，甚至若行情在最高一筆投入成本價反覆震盪，還是要修正一下停利點，讓整體部位的獲利落袋為安。

分散投資可用低風險賺高報酬

在投資組合理論中，降低風險最簡單的方法，就是把與價格變動不相關甚至負相關的公司或資產放在同一個投資組合。由於一家公司股價下跌時，另一家公司可能會上漲，整體投資組合的波動性就會部分抵銷，使得波動度減少，標準差就會變小。於是諾貝爾經濟學獎得主馬可維茲（Harry Markowitz）定義的風險就會降低，每一單位風險的回報就會提高，逐漸達成所謂投資組合的「效率前緣」（見 P.195 小辭典）。

不過從巴菲特的持股中可以發現，他並不是一位分散投資的實踐者，而是集中資金投資於幾家自己有把握的公司。巴菲特從來不支持這種分散投資的理論，他認為：這樣的理論不但完全未考慮公司商業模式、產業趨勢和管理人的能力等定性因素，而且股價的波動也是基於過去的歷史數據，不具有前瞻性。更何況公司股價變動的程度（也就是標準差）有可能發生變化，不是固定的常數。他甚至還說：「分散（投資）是無知的保護。如果你知道你在做什麼，這沒有什麼意義。」

對巴菲特的論點，筆者也同意，不過這裡所謂分散投資，其目的

不在降低風險，而是心理層面，避免投資人「抓龜跑鱉」的窘境，只因為市場一時的恐慌、不理性，打亂了原本預設的投資布局。

以筆者自身經驗，過度分散投資反而會分散精力，也可能超過自己的能力範圍而不自知。相反的，如果能深入了解幾個行業的動態，找到真正優質好公司，才是降低投資風險的方法。也就是說，風險的降低其實是來自對投資標的深度了解。

這也是為何筆者強調，早年在媒體期間曾親自拜訪國內逾八百多家上市櫃公司、訪談超過五百多位企業領袖的主要原因。企業負責人或執行長，往往是公司營運成敗的靈魂人物，特別是在某產業領域具有優勢的指標企業。如果能深入了解其產業前景，屬於該產業的景氣循環或周期變化、熟悉某企業負責人的領導風格，亦或者留意其經營階層近期有無發表與公司股價相關的言論等，都可能會形塑出某些個股屬「股性活潑」或者「牛皮」等市場評價。

正因如此，筆者認為，只要投資者能事前勤做產業功課，透過本書新創的「產業多空趨勢指標」，找出各產業幾檔指標股進行著墨即可，無需太過分散。

當大盤處於各產業類股輪動輪漲行情時，投資風格的改變往往不易掌握，投資人若單壓一檔股票，一旦先漲別的產業主流，心理壓力就會很大，每天看到別人的股票漲翻天，自己挑選股票卻如如不動，一旦心志動搖去追飆股，又往往會追到高檔。過度分散投資會分散專

注的精力，因此有研究報告指出，同時投資 4 到 6 家公司較為恰當，而這幾家公司最好也分散到不同產業，同一產業相關性大，容易齊漲齊跌。

以筆者長期對台灣產業的深度觀察，加上評比現階段各產業多空趨勢指標呈現之現況，建議投資人 60％布局在半導體與電子股，20％在新能源或有國家政策支持的傳統產業，10％金融股，其餘則視大盤處於區間震盪的盤整期間，可少量布局在具有新題材的軍工或生技股。在個股多空趨勢表中挑出幾檔表現優於大盤的強勢股，持續追蹤觀察也就夠了。

小辭典

效率前緣（Efficient Frontier）

在提效率前緣之前，必須先知道資產配置的理論基礎，來自於 1990 年諾貝爾經濟學獎得主馬可維茲（Harry Markowitz），他在 1952 年發布了現代投資組合理論（Modern Portfolio Theory，簡稱 MPT），此理論重點如下：

1.如果資產之間報酬是不完全相關性，則將其納入同一個投資組合中，可以在整體報酬率不變之下，降低投資組合的波動程度（風險）。

2.在承擔相同的風險之下，藉由配置不同類型資產的方式，可以提高報酬率。

總結來說，現代投資組合理論可以幫投資人找到過去的一種資產配置組合，在一定的風險承受度之下，建構出當時最好報酬的投資組合。也就是承受一樣的風險（虧損機率、價格波動變化），但是你的報酬會比別人好。簡單說，同樣都是花 10 年的時間從 100 萬變成 1,000 萬，採用 MPT 所構建出的組合，讓你不受市場的波動而賣出資產，順利完成財務目標。

5-4 用「多空趨勢線」與「主力脈動線」設定停損

參與股市的投資人，一定時常碰到手中持股被「套牢」的情況。所謂的「套牢」，是指進行股票交易時所遭遇的交易風險。通常會發生在以下情況：投資者「預設」股價將上漲，於是買進股票，不料股價卻一直呈下跌趨勢。

大部分人遭遇套牢時，通常不是買進其他股票平衡虧損，就是冒著風險持續低價買入同檔股票分攤損失，又或者快刀斬亂麻，直接停損。這些行為沒有所謂對錯，全憑投資者自己設定的投資停損點，或是對於該檔個股，未來多空趨勢的研判。

只是如果面對套牢虧損的情況，自己的財務狀況又不佳時，只有一個選擇：直接停損賣出，不要猶豫了。因為與其被套牢折磨得不見天日，長痛不如短痛，即刻處理掉那些股票，不要再去計較自己究竟「賠」了多少，應該要慶幸至少還能將它們「變現」。

所謂「留得青山在，不怕沒柴燒」，變現後也能進行新一輪的投資，去買入市場中股價表現更強勢的個股，一旦發動攻擊，反而獲利翻倍的案例，比比皆是。

股市沒有專家，只有贏家與輸家，贏家就是大賺小賠，輸家就是

跟贏家相反。該如何定義「大賺小賠」呢？從字面上來看，「大賺小賠」，就是賺大錢、賠小錢；賺錢大於賠錢，最後的結果是「賺錢」。也就是如果有 20 筆交易，可能你有 12 筆都是賠錢的狀況，但有其中 8 筆的交易都是大賺，這些交易除了能夠彌補前面的損失，甚至還有盈餘。「如何賺錢」以及「避免虧損」，就是投資最重要的兩件事，務必在進場前就規劃好策略。

投資人應當如何操作才能「大賺」呢？首先，不能過度交易，經常交易會使交易成本增加。此外要順勢交易，當掌握到個股的「多空趨勢線」翻躍零軸之上，並由下往上穿越「主力脈動線」，就等於掌握了強勢股最佳進場時機。此時，請緊緊抱住持股，直到該股的多空趨勢線反轉向下摜破主力脈動線，就必須果斷離場。

小賠最簡單的原則，就是在關鍵時刻停損，因為只有預先設定停損點，當價格觸及到停損點時，才會毫不猶豫出場，將損失限縮在「可接受」的範圍內。此外，也要以平常心面對每次的「小賠」，才能撐到賺錢的那一刻。面臨停損時，常常會天人交戰，常常因為自己的貪念或者不甘心，於是放棄原先設定好的準則。但如果當下沒有壯士斷腕，很有可能會因為一時的遲疑，最後陷入長期套牢。

此外，實務上一般投資人最常犯的錯誤，就是把手中賺錢的股票賣掉，留下虧損的股票。特別是那些虧很多的，就會放著不管，閉上眼不想再看，原本想短期賺上一波，最終變成被迫存股，或長期投

資。等到融資追繳或者是媒體大報利空，才慌慌張張地亂砍持股。亂砍股票不叫停損，而是情緒上的發洩，真正的停損是要從投資紀律來展現。

要設定停損點之前，必須先問問自己的停利點。首先假設你的選股能力已經是市場中間值，那麼投資股票就會是個公平的交易，所以損失 50％應該相對於獲利 100％。舉例而言，投資了 100 萬元，若下跌 50％，相當於剩下 50 萬元，那麼要從 50 萬元漲回 100 萬元，可是要上漲 100％才有可能。用這個邏輯可以製作出下表：

表 5-4-1：從停利點算出適合的停損點

公平遊戲的停損停利點		公平遊戲的停損停利點	
停利	停損	停利	停損
100％	-50％	+20％	-17％
+66％	-40％	+30％	-23％
+42％	-30％	+40％	-28％
+25％	-20％	+50％	-33％

資料來源：作者提供

若從停損的角度來說，如果你設定停損-20％，那麼你就該設定停利在+25％以上；同樣的，若你設定停利在+50％，那麼你的停損點就該設在-33％。這樣才能符合大賺小賠的精神。

成長股與價值股的停損點

一般投資機構在看待投資時，會以市場利率高低來估算股票的估值，亦即個股的本益比（P/E），市場利率低則估值較高，市場利率高則估值較低。另一方面也會從股票的特性與風險波動，來推估投資該股票，投資人可承受的風險，成長型股票能承受的風險較高，而價值型股票能承受的風險較低。不能所有股票都一視同仁，否則就會陷入停損的誤區，從而錯失股價大漲的機會，必須針對成長型個股或價值型個股的不同特性，相對提高或下修停損點。

以表 5-4-1 為例，若你認為適合的停利點在+30％～40％，碰上低利率成長股時，你的停損點該設在-33％以上；而若是高利率環境的價值股，則停損點該設在-17％以下。以 2022 年美國聯準會（Fed）暴力升息，掀起全球投資市場升息的環境而言，原本設定的停損點在-33％以上，就該修正調整到-23％，甚至-17％以下。若能如此，就可以避免後期更大的投資損失。

股價波動率停損

若投資人能夠了解手中持股的年化波動率[1]，可以協助你設定適當的停損點。年化波動率代表的是「期待一年股價波動幅度的平均

---

[1] 年化波動率（Annualized Volatility）指對一年內資產市場價格變動幅度的統計，評估投資收益的波動性。年化波動率越高，代表風險越大，價格出現重大變化可能性及收益率的不確定性較高。而年化波動率較低，代表資產價格穩定，出現重大的變動可能性較低。

值」，在投資學稱為一個標準差。跌破一個標準差的機率是 33％，跌破 2 個標準差的機率是 5％，如果一檔股票會下跌超過 1 個或 2 個標準差，那麼就代表這檔股票發生了與過去經營情況不同的利空危機，建議要在這利空危機實現前，先行將這股票處分掉。

以台股加權指數為例，台股大盤長期平均的標準差在 15％～20％，建議在跌破 20％時應該先停損一半的部位，若跌破 40％的話，就必須忍痛停損全部的投資部位。

多空趨勢線 vs. 主力脈動線之停損技巧

講到停損，對一般投資人而言，說的永遠比做的容易，無法下定決心、紀律不足，是多數人共通的毛病。事實上，嚴設停損幾乎和嚴選股票一樣重要，只是執行起來，往往是嚴格地挑戰人性，畢竟「沒有賣出即沒有虧損」的觀念深入人心。就連投資機構的操盤手，有時也會面臨這種困難的決定，因此投資機構都會有所謂的風控部門，當虧損達到一定程度時，操盤人不再有權力決定買賣，停損的權力將轉移到風控部門。風控部門使用統計技巧（大多採波動率停損法）來決定是否停損、停損部位、停損幅度與停損時機。

一般投資人沒有強大的風控部門支援，又遲遲無法下定停損的決心，筆者建議設定兩個停損階段：

第一階段：謹慎停損點

由於參與股市者有眾多人馬，一般投資人、投信法人、自營商、政府勞退機構、結構債選擇權避險交易者、公司派、市場派主力 A、市場派主力 B，每一方人馬都有自己決定買賣的邏輯與方法，所以市場上才會有人說，股票漲再高都有人追，跌深了也會有人接。

一般散戶在資金大浪中其實無法判斷，當下自己所處的究竟是相對高點、還是相對低點，所以實際下單停損的同時，有時就會賣在最低點，當股票一賣出，股價就開始反彈。有時是因為某一派市場參與者以自己投資的邏輯與理由，進場拉抬。但除非有內線，否則多半是無從得知的，因此必須先設定第一階段的謹慎停損點，停損部位約當目前個股持有部位的一半，以防上述一賣就反彈的事件一再發生。

第二階段：重大停損點（必要停損點）

這個階段的特性是，股票籌碼已凌亂，就算上述各方人馬有自己的投資理由，也不會採拉抬的方式操作，在這情況下，建議個股全數出清。當碰上某方主力照顧的股票時，走勢將陷入盤整，看著別檔股票活蹦亂跳，自己套牢的股票則紋風不動。然而，若是運氣不好、缺乏特定主力「關照」該檔股票時，就會出現偶爾反彈，然後持續盤跌的走勢。

如果你早有自己的停損邏輯，仍可參考上述兩階段停損的觀念。

以下則是利用「多空趨勢線」來設定謹慎停損點與重大停損點的方法：

多空趨勢線設謹慎停損點：

當「多空趨勢線」由上而下跌破「主力脈動線」時，代表謹慎停損點已出現，建議必須停損一半的部位。如果出現解套拉抬的行情，有時就能順勢跟著主力的拉抬而順利解套；反之若沒發生解套行情，也能減少損失。

多空趨勢線設重大停損點：

一旦發生「多空趨勢線」跌破零軸，代表重大停損點已經出現，建議必須賣出所有部位。因為多空趨勢線跌破零軸，代表市場多方勢力對這檔股票已不感興趣，即便有心人士想介入，也只會以慢慢布局方式為之，而不會用真金白銀死命拉抬，股價將陷入長期盤整。此時退出雖然會有若干損失，但市場上還有其他獲利機會，擁有現金才是最佳策略。

舉裕隆（2201）為例，2022 年下半年在鴻海 MIH 電動車開放平台（Mobility In Harmony Open EV Platform）的加持下，結合裕隆在整車自主研發平台，及鴻海在全球市場強大的供應鏈整合系統，裕隆可說是一檔由傳統產業出身的汽車股，大牛翻身為市場關注的熱門股。而透過「多空趨勢線」建議的買賣點如下：

表 5-4-2：用多空趨勢線找買賣點——以裕隆（2201）為例

	股價	指標判斷	賣賣決策
2022/8/30	40.6	突破主力脈動線	買進
2022/12/15	66.5	跌破主力脈動線	賣出
2023/1/16	69.2	突破主力脈動線	買進
2023/2/21	80.9	跌破主力脈 動線	賣出
2023/4/14	79.1	突破主力脈動線	買進
2023/4/24	80.9	跌破主力脈動線	謹慎停損
2023/7/13	84	跌破零軸	重大停損

2022 年利用多空趨勢線與主力脈動線買賣裕隆這檔股票的投資者，可說是大獲全勝，畢竟在這一年，美國聯準會突然暴力升息，台股也大受影響，一年之中，有高達 10 個月大盤都在走跌，而裕隆逆勢抗跌，堪稱可圈可點。

然而，從 2023 年之後，裕隆的多空趨勢線其實已經透露由強轉弱的訊號，儘管仍有小幅獲利，但比起大盤或其他 AI 主流類股，漲幅可說是落後的。以下頁圖 5-4-1 為例，裕隆的多空趨勢線，儘管偶有突破主力脈動線，出現零星布局的訊號，然而整體多空趨勢線還是下滑的。尤其在 2023 年 7 月 13 日後，多空趨勢線不僅未再突破主力脈動線，甚至還跌破零軸，顯示這檔個股已明確趨向空頭市場，等於觸發了重大停損的決策點。

在這個位置停損，對當時投資裕隆的投資人而言損失並不大，適時停損可避免未來可能更大的損失。也許 MIH 電動車大聯盟將獲得

國際認同，裕隆獲利可以更上一層樓。但若事與願違，那麼裕隆目前業績將無法支撐高漲過後的股價，股價將面臨無情的下殺。

圖 5-4-1：2023 年 7 月裕隆多空趨勢線跌破零軸，進入空頭走勢

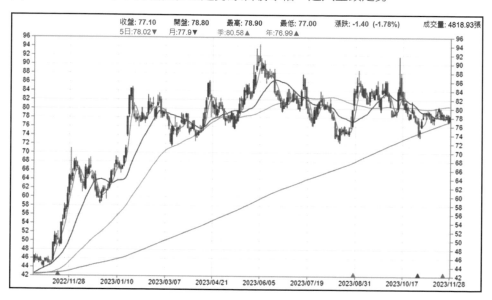

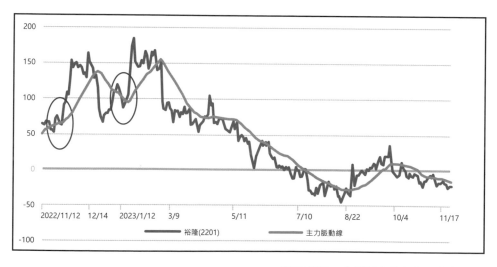

資料來源：台灣股市資訊網、作者提供

投資是一門藝術，停損更是一門學問，要懂得克服人性，面對帳面的損失，理智判斷是否能夠承受損失，有紀律地執行停損點，才能長期在股市中存活，畢竟要想贏，一定要先學會如何控制因失敗可能導致的風險。但對於市場上多數投資人來說，「停損」是一件非常困難的事，因為多數人不願意承認自己的錯誤。

總結來說，投資人在每一次進場投資前就要規劃好停損策略，萬一出現股價走勢不如預期的情況，才懂得如何停損，讓自己從中脫困，來保護你得來不易的資產。要在股票市場長期生存、創造獲利，就必須擺脫造成大幅損失的失敗交易，做好風險控管，如此才有本錢尋找下一次投資獲利的機會。

PART

06

市場中不可控的風險

　　天氣預報準確度日益提高，但即使氣象站再強大，也追不上氣候的千變萬化；股市亦然，再強大的技術指標，碰上不可控的風險，效用也要大打折扣。股市的不可控風險，包括系統性風險、利率風險、通貨膨脹風險等。系統性風險是整個系統受影響，例如金融危機；利率風險涉及利率變動影響股價；通貨膨脹風險是通膨對股票購買力的影響。這些是本書獨創的「多空趨勢線」甚至是經濟大師都無法預測的危機，投資者必須仔細研究，並採取適當措施來降低衝擊。

6-1 全球系統性風險

　　暢銷書《黑天鵝效應》裡面有句名言：「在重大事件的預測上，專家的準確度是零。」連專家都不敢輕舉妄動，何況是在投資市場最弱勢的散戶，真的要看清自己有幾斤幾兩重，做任何投資策略時，一定要再三思考，否則恐犯下無法挽回的錯誤。以下就是一個投資大師想趁危機入市抄底，卻幾乎賠光本金的血淋淋故事。

　　美國著名的投資機構美盛集團（Legg Mason Value Trust）有一個傳奇的基金經理，叫做比爾‧米勒（Bill Miller）。他旗下管理的基金從 1991 年起，連續 15 年戰勝標普 500 指數。而許多投資大師如巴

菲特、索羅斯、彼得·林區，他們連續戰勝市場的時間跨度都沒有米勒長。

結果，就在 2008 年，傳奇的米勒遇到了人生中最大的挫敗。2007 年爆發的那場次貸危機裡，受傷最嚴重的就是銀行等金融機構。在這次大熊市裡，米勒認為整個市場過度恐慌，導致價格下跌過多，所以他邊跌邊買、大跌大買，買入的全是類似貝爾斯登、美林證券、房地美、AIG、花旗銀行……這些差點倒閉的企業。

通常我們印象中的大跌，大概就是跌個 30％、40％，但當時這個金融危機，很多銀行股下跌的可不是這個量級。比如在 2007 年，花旗的股價大約在五、六十美元，結果次貸危機的苗頭剛出現，花旗的股價就在 3 個月內跌掉了一半。這個時候，很多人一看股價打了 5 折，覺得這檔股票已經跌夠深了，開始慢慢買入，也包括米勒。

後來花旗股價果然反彈了一些，但正當人們得意的時候，新一輪大跌開始了，花旗銀行的股價再次腰斬，並且一路沒有回頭……。等到 2009 年 3 月，花旗的股價從五十多美元跌到了最低 1 美元。一家 200 年歷史、人人信賴的知名公司，在金融危機來到的時候，股價可以跌 98％以上。

股價跌了 98％有多可怕呢？就是股價下跌了 50％後，又跌掉了 96％。換句話說，假設你覺得花旗股價跌了 50％之後，是個很好的買入機會，但你的投資有可能還會再損失 96％，基本上幾乎等於血

本無歸。

　　所以，華爾街有一句經典諺語，叫做：「不要接天上掉下來的刀子」，意思就是，如果遇到如次貸風暴的全球「系統性風險」時，股票正在連續下跌，如果你非要去撿便宜，結局可能像接一把下落的刀一樣，把自己割傷。而米勒的經歷就告訴我們，即使是最有經驗的價值投資者，在系統性風險發生時，也無法倖免。

20 世紀的全球系統性風險

　　所謂系統性風險，指的是那些影響整個經濟體系、金融市場或特定產業的風險，無法透過單一投資或分散投資的方式加以規避或消除。這種風險超越單一公司、產業或特定地區，波及整個體系，甚至影響全球。

　　系統性風險主要有以下特點：

　　普遍性影響：系統性風險不僅限於特定市場或產業，而是波及整個市場、多個產業甚至整個經濟體系。它能同時影響多數資產，包括股票、債券、商品等。

　　無法多元化抵銷：由於系統性風險具有普遍性，單一投資者或機構無法透過多元化投資來消除或降低這種風險。即使投資組合中包含多種資產，也無法完全避免受到系統性風險的影響。

來源多樣：系統性風險的來源多樣，可能包括金融市場動盪、經濟衰退、政府政策變化、自然災害、地緣政治事件等。這些因素能對整個經濟體系造成直接或間接的影響，引發系統性風險。

長期影響：系統性風險可能對經濟、金融體系產生長期影響，需要較長時間才能恢復正常。例如，金融危機可能導致經濟衰退，而經濟復甦可能需要數年甚至更長時間。

近 20 年來，全球發生了一些重大的系統性風險，這些事件對經濟、金融市場和社會產生了非常深遠的影響。以下介紹其中一些較為重大的事件，深入了解它們對全球經濟的影響，以及可以從中汲取的教訓。

2000 年網路泡沫破裂

網路泡沫破裂是 2000 至 2002 年全球科技股市場的一次大崩盤。在 20 世紀末和 21 世紀初，許多網路公司的股票價格暴漲，投資者對網路行業寄予厚望；然而，隨著許多網路公司的市值不斷膨脹，其實際獲利能力並不足以支撐這些高估值。泡沫破裂後，科技股市場遭受了嚴重的回檔，數百家網路公司破產或陷入困境。

2008 年全球金融海嘯

2008 年美國次貸風暴引發的危機，也稱為金融海嘯，是近幾十年來最嚴重的金融危機之一。它的根源可以追溯到 2007 年次貸市場

的崩潰。次貸危機爆發後,全球銀行系統遭受重創,數百家金融機構陷入破產或面臨破產邊緣。此次危機導致全球金融市場的動盪,股市急劇下跌、企業倒閉、失業率飆升,世界經濟陷入嚴重衰退。各國政府和央行採取了大規模刺激措施來應對這場危機。

2010 年歐洲債危機

自 2010 年開始的歐洲主權債務危機波及了歐洲多個國家,尤其是希臘、葡萄牙、愛爾蘭、西班牙、義大利等。這些國家面臨的債務危機威脅到了歐元區的穩定,甚至影響了歐洲整體的經濟。這場危機凸顯了歐洲經濟和貨幣聯盟的一些結構性問題,也讓人們對歐洲一體化實驗的可行性產生了質疑。

2019 年新冠肺炎疫情

新冠肺炎(Covid-19)疫情是 21 世紀的一場全球公衛危機,也成為全球範圍內的系統性風險事件。疫情爆發導致全球多個國家和地區實施封鎖措施,影響了全球供應鏈、貿易、旅遊業、金融市場等。股市遭受重創,全球經濟陷入了前所未有的衰退,數百萬人失業,各國政府不得不採取大規模刺激措施,來應對疫情對經濟造成的衝擊。

了解過去的系統性風險事件對於理解全球金融市場的演變、提高風險意識和應對未來可能的風險至關重要。透過剖析這些事件,投資人才有足夠經驗應對未來可能出現的系統性風險。

避開系統性風險是投資者和企業應對市場不確定性和全球經濟波動的關鍵，儘管無法完全消除系統性風險，甚至本書獨創的「多空趨勢線」以及「多空趨勢指標圖」也無法預期全球會爆發新冠疫情、俄烏戰爭或以巴衝突等系統性風險，但至少可以透過一系列的策略和方法來降低其影響，保護投資和財務穩定。以下是一些避免或降低系統性風險的方法：

多樣化投資組合：

分散投資是降低風險的基本原則。透過投資不同的資產類別、行業、地域和市場，可以減少對單一資產的依賴，降低整體投資組合的系統性風險。

定期檢視和調整投資組合：

定期審視投資組合，評估資產的表現和前景。根據市場情況和個人目標進行必要的調整，以確保投資策略仍然符合風險承受能力和目標。

注意全球經濟形勢和政治事件：

關注全球經濟、政治和地緣政治事件的發展，這些因素對市場和投資產生直接影響。了解宏觀經濟指標、國際貿易政策、地緣政治緊張局勢等，以及其對投資的潛在影響。

保持流動性和健康財務狀況：

保持足夠的現金和流動性，能夠應對突發事件。維持健康的財務狀況，避免過度槓桿，以降低財務風險。

及時停損和停利策略：

設定明確的停損和停利點位，不要貪婪或盲目追求利潤。在市場發生劇烈波動時，根據預設策略及時調整倉位，保護已實現利潤。

透過以上方法，投資者可以降低系統性風險對投資組合的影響。然而，投資永遠都不是完全無風險的，理性面對風險，並採取事前與事後相應的風險管理措施至關重要。

6-2 升息緊縮

　　各國央行都會透過調控利率來調節市場經濟溫度，當經濟成長出現停滯訊號，央行調降基準利率以刺激經濟活動。當消費者、投資人能夠以更便宜的利率取得資金，民眾消費動能成長將帶動企業收益增加，企業基本面良好。投資人融資成本變低，資金大量挹注市場，而投資市場的成交量就是推升股價最重要的因素。

　　當市場過熱，央行調升基礎利率，代表銀行之間短期借貸成本提高，自然也會在終端消費金融產品產生連鎖效應，個人信貸、抵押性貸款、融資的成本提高，個人的可支配所得將被排擠，消費力衰退，造成企業庫存壓力增加，基本面轉弱。投資人注入資金的意願也會隨之下滑，進而影響股市。

　　近年來有過幾個時期，美國聯準會（Fed）為避免經濟過熱，採取了升息措施，例如 2004 至 2006 年，成功升息 17 次，這些升息都是漸進式，每次幅度 1 碼，逐步調到 5.25％。然而此次升息卻造成了美國 2008 年的金融風暴。

　　隨後 2008 至 2015 年，聯準會將聯邦資金利率維持在趨近於零的最低目標區間，股市也起死回生，造就一波多頭環境。之後 2016 年升息 1 次，2017 年升息 3 次，2018 年升息 4 次，而達到 2.25％至

2.5％的目標區間。這次因為升息速度較慢，經濟社會衝擊不大，股市並無明顯跌幅，反而是穩定盤漲。

一直到 2019 年的新冠肺炎危機，聯準會因應經濟減速，2020 年 3 月在 13 天內的兩次緊急會議，大幅降息至趨近於零的目標區間。一直到 2022 年 3 月起，美國才開始了升息進程，至 2023 年 10 月已升息 20 碼（500 個基點），利率從 0~ 0.25％來到了 5.00%~ 5.25% 區間。相比前幾次的升息周期，2022 年的升息進程可謂是又快又狠，10 次議息會議中，聯準會每一次都上調了基準利率，且 2022 年 6、7、9、11 月，史無前例地連續 4 次升息 75 基點。

而這波猛烈升息是為了控制通貨膨脹。2022 年 6 月，美國物價指標達到了 40 年以來的最高水平。由於量化寬鬆的政策，美國開始陷入通貨膨脹危機，聯準會一口氣快速升息，並實施資金縮表計畫，美股也開始回檔修正。S&P500 由最高點 4,808 跌至最低點 3,490，下跌了 27.4％。

暴力升息導致沃爾克時刻將至？

隨著聯準會接連暴力升息與不斷的鷹派宣言，宣示以升息力抗通膨，這讓市場恐慌情緒不斷，經濟學家與分析師們私下開始討論：時隔多年，沃爾克時刻（Volcker Moment）又要到來了嗎？

「沃爾克時刻」是什麼？為什麼對經濟有如此大影響？這要從美國的 1970 年代說起。1970 代的經濟的狀況是通膨高、成長率低、失業率居高不下。1980 年，當時的聯準會主席保羅·沃爾克（Paul Volcker）為了對抗每年 10％的通膨率，在總統雷根的支持下將利率提高到 20％。這個極端的利率政策持續大約兩年，雖然解決了美國的高通膨危機，但也導致了 1980 年代初期的經濟衰退。這段時期，就被稱作沃爾克時刻。

1980 年與 2022 年確實有類似之處：通膨高居不下，聯準會加速緊縮，政策利率創下 10 年高位。那麼，在通膨問題解決後，是否又將再次遭遇經濟衰退？又是否能避開可能導致企業倒閉、大量失業、影響人民生計嚴重的硬著陸，走向相對溫和的軟著陸？

美國前財長桑默斯（Lawrence Summers）認為，20 世紀的經濟狀況與過去 1970～1990 年代的軟著陸的情況有相當差距，因此很可能會走向硬著陸。現任聯準會主席鮑威爾（Jerome Hayden Powell）則有不同觀點。他認為，雖然目前要透過貨幣政策實現軟著陸並不容易，但是在非常強勁的經濟表現下，足以應對收緊的貨幣政策。過去美國經歷過勞動市場與石油市場的衝擊，這些經驗也使美國更能處理當前成因複雜的通膨問題。

為何央行透過升息控制通膨？

通貨膨脹（簡稱通膨）是指一個經濟體系中一般物價持續上升的現象，通常以貨幣單位的購買力下降來衡量。當通膨率過高或波動不穩定時，央行通常會考慮升息做為一種貨幣政策工具來控制通膨。以下說明升息對通膨的作用：

1. 抑制消費和投資需求：

升息會提高貸款利率，增加借貸成本。對消費者和企業來說，融資變得更昂貴，消費和投資成本上升，因此可能會降低他們的支出。當消費和投資減少，總需求降低，導致通膨壓力減小。

2. 鼓勵儲蓄：

升息會提高存款利率，鼓勵人們儲蓄而非花費。當人們看到他們的儲蓄可以獲得較高的回報時，他們可能會更願意儲蓄，進而減少支出，抑制通膨。

3. 抑制房地產價格上升：

低利率可能會刺激房地產市場，但高利率會提高買房成本，降低人們購房意願。房地產價格上升可能會推升整體通膨，升息有助於抑制這種趨勢。

4. 提升貨幣價值：

升息會提高國內貨幣的價值，因為高利率會吸引更多外資流入，提高需求，推升匯率。較高的匯率會使進口商品更便宜，進而緩解通膨。

5. 遏制過度擴張的信貸：

透過升息，央行可以使貸款變得更昂貴，進而抑制過度信貸擴張。過度的信貸可能會導致過多的資金流入市場，刺激需求，進一步加劇通膨。

桑默斯與鮑威爾分別反映了市場上主要的兩大觀點，最後誰對誰錯，只能等時間證明。不過，綜合這兩種觀點也可以得到以下結論：經濟下行的機率大，同時後續聯準會貨幣政策不確定性持續偏高，在貨幣政策更明朗之前，市場高波動的情況恐勢所難免。

硬著陸

- 根據紐約聯邦儲備銀行發布的預測定義，硬著陸的定義是在未來 10 季中，GDP（年增率）至少有一季成長低於 -1%。

- 採用強力的貨幣政策緊縮手段來降低通膨，導致經濟成長急遽下降，同時伴隨國民收入減少與失業潮，如同飛機高速著陸。

- 簡單來說，硬著陸是由於經濟體質較差或是升息幅度過大，導致對經濟傷害較為劇烈。

軟著陸

- 根據紐約聯邦儲備銀行發布的預測定義，軟著陸的定義為在未來 10 季中，GDP（年增率）皆維持正成長。

- 經過適度調整貨幣政策，讓經濟溫和回到適度成長區間，且過程沒有發生大規模的失業或陷入經濟衰退，如同飛機減速緩緩降落著陸。

- 簡單來說，經濟軟著陸就是儘管升息對經濟有所傷害，但傷害的幅度不大，總體經濟還是保持成長。

升息對股市的影響

升息或降息對於市場的實際影響通常需要一段時間，然而，股市會優先反映市場預期。如符合市場預期，股市將不會有劇烈波動；換句話說，當央行宣布升息，當天股市「未必一定」重挫。然而當市場出現黑天鵝，或是超出投資人預期，可能將導致投資人信心下滑，產生賣壓，造成股價重挫。

那麼升息為何會造成股市下跌呢？升息代表著借錢的成本增加，經濟社會借錢的意願下降，銀行間創造信用貨幣的需求降低，數量減少，社會貨幣的數量也開始緊縮，錢少了，推動股市的資金也就減少，股價理所當然就漲不上去。

從投資報酬率的角度來說，在升息的環境下，長天期美國國債殖利率受短期利率影響，推升上去，代表投資沒有風險的美國國債報酬率提高了。資金是很聰明的，原本要冒風險投資本益比 25 倍的股票（相對 5％的投資報酬），當然會賣出股票移轉至無風險 5％殖利率的美國公債，無形中就造成股票本益比的修正，可能修正至 20 倍，甚至更低。因為本益比是股價除以每股盈餘（EPS），股價當然也要下跌。

依據 Guggenheim Investments 的統計（如下頁圖 6-2-1），通貨膨脹與 S&P500 合理本益比之間的關係為：通貨膨脹率越高，美股的本益比越低、股價越低。

　　因為通貨膨脹率越高，聯準會將迫於控制通膨的壓力，升息的幅度也就越大，下頁表 6-2-1 為彭博 Bloomberg 對標普 500 指數統計，資料時間為 1962 年到 2022 年。此表同時觀察利率與製造業採購經理人指數（PMI）歷史統計的結果。邏輯上利率越高，本益比估值將下跌，而 PMI 指數大於 50，表示景氣較佳，企業獲利高；反之，PMI指數若低於 50，表示景氣較差，企業獲利不易。

圖 6-2-1：通貨膨脹越嚴重，美股的本益比越低

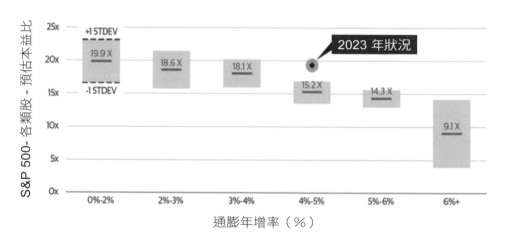

註：STDVE 標準差表示 68％會發生的範圍。

資料來源：Guggenheim Investments，統計期間：1960/01~2022/08

截至 2023 年 10 月資料，聯準會利率維持在 5.25％，而 PMI 指數則顯示為 48，仍低於 50，位於景氣收縮期間。觀察歷史圖表（對應下表紅框處），本益比應介於 11.8~16.1，然而現實是標普 500 指數本益比卻在 20 以上。或許是預期景氣會轉好，或許是期待聯準會將降息，否則以目前利率水準，指數仍需下跌 20％以上，未來結局會如何呢？我們拭目以待。

表 6-2-1：標普 500 指數近 60 年本益比與利率對照

對應本益比		製造業採購經理人指數				
		45以下	45-50	50-55	55-60	60以上
利率範圍	1%以下	16.3	18.8	19.7	18.7	18.7
	1%-3%	20.4	19.9	19.4	19.6	19.2
	3%-5%	19.3	16.1	17.8	17.0	17.9
	5%以上	9.7	11.8	11.7	13.4	14.5

資料來源：美股探路客，資料期間 1962~2022 年

所幸台灣並沒有完全跟隨美國升息的腳步（如下圖），也因此留給台股較多的喘息空間。

圖 6-2-2：2000~2022 年台灣重貼現率與美國基準利率對照

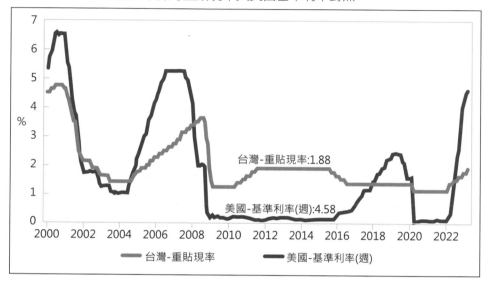

台灣-重貼現率:1.88

美國-基準利率(週):4.58

─── 台灣-重貼現率　　　　─── 美國-基準利率(週)

資料來源：財經 M 平方

雖然台股並沒有升息造成資金緊縮的壓力，但仍要留意，資金是否因美國升息而大量流到美國。如果新台幣匯率大幅貶值，但央行強行控制新台幣匯率，至少台股還能有個股或產業輪漲的機會，不會全面下跌。

6-3 資金流失

「一切通貨膨脹都是貨幣現象」，這是諾貝爾經濟學獎得主米爾頓‧傅利曼（Milton Friedman）的經典名句。股票也是一樣，每一檔股票的價格都是錢堆砌出來的。台灣在 1980 到 1990 年經歷過「台灣錢淹腳目」的年代，在那時代大盤指數首次突破萬點到達 12,682 點；之後隨著股市崩跌，中國改革開放，國內資金前往中國投資，造成國內股市委靡不振。

2000 年後，台灣採取降息政策，與中國資金回流，才穩住局面。不過初期資金先往房地產流動，2000 年後，不動產漲 2 倍、3 倍，吸走大部分的資金；等到 2015 年後，房地產漲不動了，資金開始轉往股市流動，股市才再次突破萬點。花了整整 30 年才正式突破萬點，至此台股萬點以上才成為常態。

因此貨幣緊縮寬鬆與國際間資金的流動，才是股市有無大行情的先決條件。否則景氣再好，股價只不過是在各產業與個股間輪動。所以投資股市必須避開資金緊縮與資本流出的環境。正如那句名言，「在絕對的武力下，任何陰謀詭計都如雲煙一樣，不起任何作用。」因為在資金緊縮與資本流出的環境下，任何的基本面與技術面分析都派不上用場。

資金流動對股市的影響

資金流動指的是資金在不同資產類別之間的轉移和重新配置。這些資金可能來自機構投資者、個人投資者、外國投資者、企業等，它們會在不同資產間進行流動，包括股票、債券、房地產、貨幣市場工具等。資金流動對股市具有深遠的影響，了解資金流動如何影響股市對投資者至關重要，因為這有助於理解股市波動，制訂相應的投資策略。以下說明資金流動影響股市的四個層面。

股市價格和成交量：

當大量資金流入股市時，股市供需失衡，股價上升，成交量增加。相反的，當資金流出時，股價下降，成交量減少。這種資金流動會形成資金湧入和資金撤離的周期，直接影響市場走勢。

市場情緒和信心：

當大量資金湧入股市時，投資者傾向於樂觀，認為市場有望上升，提高了市場信心。反之，當資金撤離時，投資者可能感到擔憂和悲觀，導致市場情緒低迷。

股票和公司表現：

當資金流入時，體質佳的公司股票通常會受益更多，因為投資者更願意投資於有穩定獲利、良好基本面和穩定現金流的公司。這會進

一步推高這些公司的股價。相反的,資金撤離時可能會對股票產生負面影響,尤其是那些營運不佳或財務狀況較差的公司。

股市資本結構:

資金流動會影響股市的資本結構,即股市中不同行業、不同規模的企業在股市中的占比。大量資金流入特定行業或特定類型的股票時,會導致這些行業或股票的價格上升,進而改變了股市的資本結構。這種變化會對整個市場的風險和表現產生影響。

資金外流,對該國股市是大災難

而資金的移出,對一國股市而言就是個災難,尤其是長期流失的狀況。儘管經濟仍能持續成長,社會就業與景氣也沒有衰退,但股市就是漲不上去。

90 年代台灣大量投資中國,台股毫無行情

例如台灣在 1987 年 11 月開放一般民眾赴中國探親,隔年 7 月中國國務院則發表《鼓勵台灣同胞投資規定》,規定給予台商投資中國之優惠條件。這是一項影響兩國經貿交流甚大的措施。而台灣自 1987 年以來,隨著外匯管制放寬,新台幣大幅升值,以及國內投資環境惡化(例如公共設施不足、治安惡化、政爭不斷等),而形成國內企業外移的一股推力。

另一方面,國際新保護主義形成壓力,再加上中國當局採取經濟開放政策,歡迎台商赴中國投資,而導致中國市場對台商形成一股致命的吸引力。這一推一拉之間,形成一股巨浪,更帶動台商對中國投資的熱潮。

於是台灣在 1990 年 8 月發布《對大陸地區從事間接投資或技術合作管理辦法》後,台商赴中國間接投資才有規範可循。根據海基會網路上的「兩岸交流統計資料」,自 1979 年 1 月至 1998 年 12 月,台商投資中國金額高達 412 億美元,而這些數據可能仍是低估值,因為透過民間訪親匯款數目,更是難以估計。

當時對中國的投資,台灣高居世界第二,僅次於香港(事實上香港對中國的投資也有不少是台商的轉投資)。僅算官方數據,台灣對中國投資協議金額曾超過國內生產毛額(GDP)的 4.6%;而投資中國也很積極的日本,投資額還不到其 GDP 的千分之一。

由此可見,那時台灣對中國的資本輸出有多大。那麼錢從哪裡來?股市當然是最好籌資的地方,當時各大上市公司儘管獲利頗豐,卻常常辦理現金增資,股市的資金就被移轉到對岸投資。從 1990 至 1996 年,台股指數就在 5,000 點上下震盪,一直沒有亮眼的行情。

圖 6-3-1：90 年代的台股，僅上下震盪沒有大行情

國安法造成資金大外逃，港股跌破新冠崩盤低點

再看香港恆生指數，2020 年 3 月受到新冠肺炎疫情全球大爆發影響，跌至 22,500 點附近，之後也隨著美國實施量化寬鬆政策反彈。不過中國於 2020 年 6 月通過《中華人民共和國香港特別行政區維護國家安全法》，一般稱為香港《國安法》，香港富有人士開始擔心香港資本市場受到衝擊，資金大量移轉，直到 2022 年 11 月跌到 15,000 點，而全球股市跌破新冠疫情創造的低點，也只有香港跟俄羅斯兩地。

這就是筆者所說資金流失的威力，可以從下頁圖看見，2021 年以後，就算出現 KD 黃金交叉、MACD 轉正等股市要轉好的跡象，到最後還是不斷鈍化，香港恆生指數續探新低。

因此台灣的投資人必須持續觀察未來兩岸關係，台灣政局不穩定，會影響國人資金留在台灣的信心。尤其是大企業大股東，他們最敏感，雖然不會一夕之間移轉全部資金，但慢慢減少部位仍是有可能的。

圖 6-3-2：資金外逃，港股低檔鈍化，持續破底

資料來源：玩股網

6-4 地緣政治風險

何謂地緣政治風險？地緣政治風險泛指戰爭、政局更替、金融危機、自然災害等地緣政治學中一切的風險因素。地緣政治風險會對投資市場產生巨大影響，例如資金在面對地緣政治風險時，會有明顯的移轉現象，目前全球最具代表性的案例，就是人稱維持台海和平最大的「矽盾」（Silicon Shield）：台積電。

2019 年台積電運動會上，創辦人張忠謀曾說：「台積電已經成為地緣政治下的兵家必爭之地。」2023 年春季，英國《經濟學人》雜誌更點名台灣是全世界最危險的地方，指出台積電雖然橫跨在世界上最危險地緣政治熱點上，但台積電拒絕恐慌，並創造最大的商業利益。台積電近年來赴美投資亞利桑那州廠、在日本九州建熊本廠，2023 年除決定在日本再建第二座晶圓廠，也確定 2024 年將在德國德勒斯再蓋一座晶圓廠。

由於全球半導體的先進製程和先進封裝技術，幾乎全集中在台積電，在美中科技大戰中，格外引起中方覬覦，張忠謀將台積電界定義為「地緣政治下的兵家必爭之地」，更顯傳神。當全球絕大多數的高階晶片高度集中在台灣台積電製造的情況下，一旦台海不平靜，全球恐面臨晶片斷供危機。基於保護晶片供應如同保護石油供應無虞的思維下，美日歐紛紛力邀台積電前往設廠，分散地緣政治風險。

台積電全球各地擴廠以分散地緣政治風險，僅是其中典型的案例，若進一步擴展為全球宏觀的角度，風險性資產會移轉至低風險資產。而地區性地緣政治風險，也會因該地區地緣政治風險提高，資金開始往較低地緣政治風險區域移動。

地緣政治因素對投資市場的影響不可忽視，投資者應密切關注全球地緣政治動態，以及這些動態可能對特定行業和市場產生的影響，以制訂合適的投資策略。

地緣政治風險對投資市場的影響

以下說明地緣政治風險影響投資市場的 6 個面向：

1. 市場信心和預期波動

當有關地緣政治事件發生時，投資者可能會感到不確定，導致市場出現劇烈波動。例如，國際關係緊張、軍事衝突可能會使市場參與者感到擔憂，引發拋售情緒，導致股票和其他資產的價格暴跌。

2. 貿易摩擦和關稅政策

地緣政治緊張局勢往往伴隨著貿易摩擦和關稅政策的升級。兩國間的貿易戰可能導致關稅的增加和貿易限制，這對國際貿易和企業利潤產生直接影響。這種情況會使市場陷入不確定性，尤其對那些依賴全球貿易的行業和公司，如製造業、科技公司等。

例如，2018 年開始，美中貿易戰持續影響全球股市。貿易爭端導致兩國實施關稅，不僅影響了美中兩國的經濟，也對全球市場造成了巨大不確定性，尤其是那些與貿易直接相關的行業，如製造業和技術領域。

3. 能源供應與價格

能源是全球經濟的重要支柱，而地緣政治因素會直接影響能源供應。例如，中東地區的政治動盪可能會影響石油產量和價格，進而影響能源相關企業的股價。投資者通常會密切關注這些地緣政治風險，以制訂相應的投資策略。

4. 外匯市場波動

地緣政治緊張局勢通常會導致外匯市場的波動，尤其是涉及國際貨幣的情況。例如，政治事件可能會導致某國貨幣貶值，從而影響該國的出口和經濟。這種波動會進一步影響國際投資者的風險偏好和資產配置。

5. 對特定行業影響

特定地緣政治事件可能會對特定行業產生更直接和明顯的影響。例如，一國政府對科技行業的限制或制裁，可能會對該行業的企業產生重大影響，影響其股價和業務前景。

6. 社會不穩定和投資環境

地緣政治緊張局勢會導致社會不穩定，可能導致投資環境的惡化。投資者可能因擔心政治和社會動盪，減少對特定國家或地區的投資，這會直接影響當地股市的表現。

例如 2022 年爆發的烏俄戰爭，導致投資者對歐洲地區的擔憂增加，尤其是那些在該地區有業務的公司和投資者。這種情況可能導致股市出現短期波動，特別是與該地區有關的企業。

影響台灣投資環境的兩個地緣政治風險

地緣政治危機會帶來不確定性。此一不確定性會使決策者延遲重大計畫，並成為經濟體以及金融市場的負擔。企業將會放緩投資計畫或是員工招募計畫，消費者也會延後大型商品如汽車或房屋的消費支出規劃。投資人也會為了等待明確的局勢發展，而延遲其投資決策。

地緣政治危機通常會使投資人將如股票等風險性資產，轉入他們認為較安全的資產，當然也會因此影響股市報酬，而政府公債會因此得利（特別是短期債券，因為短期債券是被認為最安全的資產）。以區域的角度而言，投資人會轉移其資產從風險較高的區域（如新興市場），至已開發市場（如美國）。

如下表所示，可以觀察到過去三個地緣政治危機事件對四種不同資產（美國股票、全球股票、黃金、美國政府公債）的報酬率影響。

表 6-4-1：歷年地緣政治事件影響累積報酬率　　　　　　　　　單位：%

事件	標準普爾指數	MSCI 世界指數	黃金	美國 10 年期公債
海灣戰爭 （1990/8~1991/2）	-14.2	-9.6	6.4	1.9
9/11 恐怖攻擊 （2001/9~2001/10）	-14.9	-14.7	8.9	4.1
伊拉克戰爭 （2003/1~2003/3）	-10.2	-9	9.6	5.6

資料來源：Thomson Datastream，施羅德投資經濟團隊，2019 年 5 月 14 日

目前全球地緣政治風險指數（GPR）由美國聯準會經濟學家達里奧‧卡爾達拉（Dario Caldara）和馬泰奧‧雅科維埃洛（Matteo Iacoviello）所編製，統計 1900 年以來國際媒體上討論負面地緣政治事件或威脅的比例。GPR 指數在兩次世界大戰、韓戰、古巴危機、波斯灣戰爭、911 事件、2003 年美國入侵伊拉克前後皆出現飆升情形。根據實證研究，GPR 指數飆升會對民間投資、就業、經濟成長、股市造成負面衝擊。

其又被分為八大子類別：

1. 戰爭威脅（War Threats）

2. 威脅和平（Peace Threats）

3. 軍備加強（Military Buildups）

4. 核威脅（Nuclear Threats）

5. 恐怖主義威脅（Terror Threats）

6. 開戰（Beginning of War）

7. 戰情升溫（Escalation of War）

8. 恐怖行動（Terror Acts）

下圖 6-4-1 是全球與台灣地緣政治風險比較，為方便比較兩者變化差異，我們把指數對數化，把資產留在台灣的投資人應該多留意台灣地區的地緣政治風險。2020 年以前，台灣之地緣政治風險相較於全球穩定，雖然在 2018 年中美貿易戰爭開始後略有升高；但 2020 年後兩岸關係逐漸惡化，台灣地緣政治風險開始略高於全球地緣政治風

圖 6-4-1：全球與台灣地緣政治風險比較

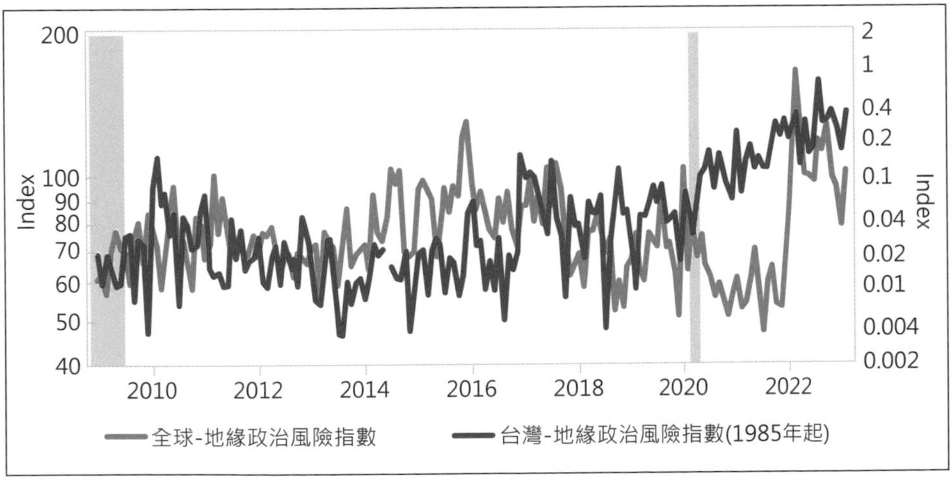

資料來源：財經 M 平方

險。2022 年 3 月因俄烏戰爭，全球地緣政治風險突然走高，但 8 月時美國眾議院議長裴洛西訪台後，台灣的地緣政治風險又進一步升高，直至 2023 年中國軍機不斷擾台下，仍維持較高的風險。

另外，下表引用明日智庫策略顧問公司對台灣地區地緣政治風險的看法：

表 6-4-2：地緣政治風險對台灣 GDP 之減損（%）—— 2023 年第 2 季

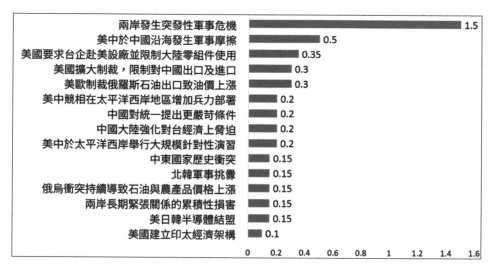

資料來源：明日智庫策略顧問公司

盤點所有台灣地緣政治風險，發現共有四類 15 項風險，將會影響 2023 年第 2 季台灣經濟發展，包括美中競爭 7 項、兩岸衝突 4 項、俄烏戰爭 2 項，與其他風險 2 項。與 2023 年第 1 季相比，類別與上期一致，但項目則減少一項。減少的項目是在俄烏戰爭類別中的

「俄羅斯減少歐洲天然氣供應導致 LNG 價格上漲」，主要是因為俄羅斯供應歐盟的天然氣的比例已大幅減少，已較無法以此箝制歐洲。

兩岸衝突與美中競爭造成台股本益比偏低

若僅考慮對 GDP 的損害而不考慮發生機率（亦即假設所有風險均會發生），對台灣 GDP 減損最大的風險類別仍是兩岸衝突，達 2.05%；其次是美中競爭的 1.8%；而俄烏戰爭將使台灣 GDP 減損 0.45%。

若以項目來看，對台灣 GDP 減損最大的項目是「兩岸發生突發性軍事危機」，將會造成兩岸關係緊張程度飆升，而減少國內外資金對台灣的投資。次大的項目為「美中於中國沿海發生軍事摩擦」，兩項均與軍事安全相關，顯示東亞地區的軍事衝突升溫。第三是「美國要求台企赴美設廠並限制大陸零組件使用」，預料本期台企赴美設廠金額將不若上期，故對 GDP 的減損較上期降低。

若同時考慮對 GDP 的損害與發生機率，即 TGR 指數（下頁表 6-4-3），可以發現，台灣整體的地緣政治風險中，預估會有 57% 來自與美中競爭相關的風險。兩岸衝突仍穩居第二大風險類別，有 29.7% 的風險源於兩岸衝突。源自俄烏戰爭的風險比例則持續降低，占比為 5.7%。

注意地緣政治風險的主因，是在關心台股的表現與相對股價的合

理性，雖然說高盛認為，就評價面來看，台股當下（2023 年）顯得頗有吸引力，台股的預估本益比僅為 11.1 倍，扣除台積電後的預估本益比，甚至只有 9.8 倍；但要能吸引長線資金，重點仍在企業的獲利前景，台股當前的獲利動能並不好，會出現較低的本益比，背後必有其原因。

表 6-4-3：台灣地緣政治風險指數 (TGR) —— 2023 年第 2 季

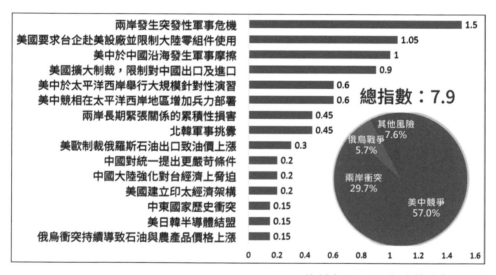

資料來源：明日智庫策略顧問公司

　　如果要比較本益比的話，那麼俄羅斯股市的本益比最低，事實上，在俄烏戰爭之前，俄羅斯股市長期的本益比都處在 6～8 倍，常看到基金投資報告都是以低本益比的觀點，來推薦投資人買進。國際投資人當然也會把俄羅斯地緣政治風險考慮進來，較低的本益比無疑

是因為地緣政治，自然不會太積極投資。同理，台灣的投資人都希望中美衝突與兩岸危機能盡快消除，讓經濟回歸經濟，讓股市回歸合理本益比。

綜上所述可獲得終極的結論，本書所獨創研發的各式新指標，無論是「多空趨勢線」、「主力脈動線」、「多空趨勢指標」或是進一步延展出來的「多空趨勢指標圖」，整套完整的選股系統和交易決策的執行，前提都必須在資本市場機制正常的運作狀態下。

一旦陷入包括系統性風險、利率風險、通貨膨脹，甚至是 911 恐攻、新冠疫情、俄烏戰爭等不可控的風險，整個投資市場運作失序，任何常規或法則都會失效。但歷史會證明，任何一種因為不可控風險造成的危機，都是暫時性的。當這類不可控風險形成的事件或災難過去，市場終歸要回到正常軌道，所有的投資標的依然會找回自己的「多空趨勢線」與「主力脈動線」，它們依舊是所有投資者在股海中找到優質強勢股，可依靠的一套完整選股系統，而且禁得起投資市場不斷的焠鍊與考驗。

台灣廣廈 國際出版集團
Taiwan Mansion International Group

國家圖書館出版品預行編目（CIP）資料

用多空趨勢線串聯股市金脈：活用本書獨創「多空趨勢線」與
「主力脈動線」，掌握股市谷底與波峰，翻轉財富，成為股市
超級贏家／張甄薇與研究團隊 著，
-- 初版. -- 新北市：財經傳訊, 2023.12
　面；　公分. --（view;65）
ISBN 978-626-9160-66-2（平裝）
1.股票投資

563.5　　　　　　　　　　　　　　　　111012213

財經傳訊
TIME & MONEY

用多空趨勢線串聯股市金脈：
活用本書獨創「多空趨勢線」與「主力脈動線」，掌握股市谷底與波峰，翻轉財富，成為股市超級贏家

作　　　者／張甄薇與研究團隊　　　　　編輯中心／第五編輯室
　　　　　　　　　　　　　　　　　　　編 輯 長／方宗廉
　　　　　　　　　　　　　　　　　　　封面設計／張天薪
　　　　　　　　　　　　　　　　　　　製版·印刷·裝訂／東豪·承傑·秉成

行企研發中心總監／陳冠蒨　　　　　　線上學習中心總監／陳冠蒨
媒體公關組／陳柔彣　　　　　　　　　數位營運組／顏佑婷
綜合業務組／何欣穎　　　　　　　　　企製開發組／江季珊

發 行 人／江媛珍
法 律 顧 問／第一國際法律事務所 余淑杏律師·北辰著作權事務所 蕭雄淋律師
出　　　版／台灣廣廈有聲圖書有限公司
　　　　　　　地址：新北市 235 中和區中山路二段 359 巷 7 號 2 樓
　　　　　　　電話：（886）2-2225-5777·傳真：（886）2-2225-8052

代理印務·全球總經銷／知遠文化事業有限公司
　　　　　　　地址：新北市 222 深坑區北深路三段 155 巷 25 號 5 樓
　　　　　　　電話：（886）2-2664-8800·傳真：（886）2-2664-8801
郵 政 劃 撥／劃撥帳號：18836722
　　　　　　　劃撥戶名：知遠文化事業有限公司（※ 單次購書金額未達 1000 元，請另付 70 元郵資。）

■ 出版日期：2023 年 12 月
ISBN：978-626-9160-66-2